KILT OU DOUBLE

Patrick STEPHAN

Editions théâtrales ART ET COMEDIE
2, rue des Tanneries
75013 PARIS

NOTE SUR L'AUTEUR

Patrick STEPHAN, né à Paris mais ayant toujours vécu au Pouliguen, station balnéaire de la Côte d'Amour en Loire-Atlantique, débute sa carrière au théâtre dans la troupe amateur du Pouliguen à l'âge de 16 ans. Essentiellement dans des comédies mais aussi dans des pièces classiques, il continuera de jouer jusqu'à aujourd'hui. Entre temps, il passera à l'écriture de plusieurs petites comédies chantées pour une chorale d'enfants. Puis en 1996, il écrit sa première comédie de boulevard en 3 actes :« *Enfin seuls !* » que la troupe pouliguennaise jouera en 1997. En 1999, il écrit sa deuxième pièce : « *Kilt ou double* » qui sera jouée dans plusieurs villes de la presqu'île guérandaise.

PERSONNAGES

GLADYS MACKINTOSH, propriétaire du château

WILLIAM MACKENZIE, domestique de Gladys

RICHARD LEBLANC, neveu de Gladys

DELPHINE STERLING, petite amie de Richard

GEOFFROY ROHAN DU GOMMIER, architecte

GRACE DE BEAUMANOIR, compagne de Geoffroy

JANE MACLAURIN, petite amie de William

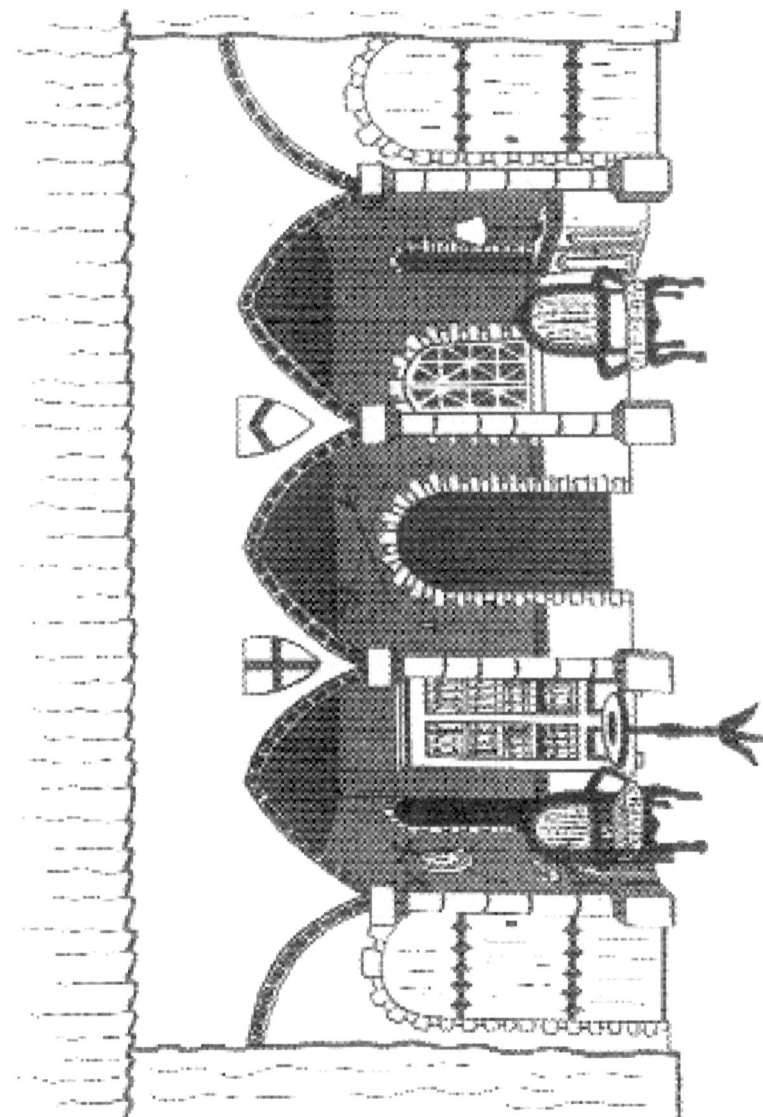

ACTE I

Le rideau s'ouvre sur un décor raffiné britannique. Petit salon d'un château en Ecosse : murs et colonnes en pierre, meubles de style, tapisserie rouge et tentures ocres.
Au premier plan jardin, chambre de Lady Gladys Mackintosh.
Au deuxième plan jardin, pan coupé qui mène à la salle à manger, aux cuisines.
Entre les deux, un meuble sur lequel se trouve le téléphone. Au-dessus de ce meuble, un tableau.
Au premier plan cour, chambre dite « rose ».
Au deuxième plan cour, chambre dite « bleue ».
Entre les deux, un meuble sur lequel est posé un plateau avec des verres et une petite lampe.
Au fond, en pan coupé, un couloir qui dessert le hall d'accueil et les chambres à l'étage.
A droite de l'ouverture, une grande bibliothèque remplie de livres reliés. A gauche, une fenêtre à petits carreaux. Sous cette fenêtre, un grand coffre où se trouvent les bouteilles d'apéritifs. A côté, un meuble avec le téléphone.
Au centre de la pièce, deux fauteuils de style, un guéridon.
Un samedi après-midi du mois de juillet, il pleut. Tout est calme. Soudain un coup de tonnerre éclate accompagné d'éclairs. On entend la pluie. La scène est alors plongée dans l'obscurité. Un temps. Puis Gladys sort de sa chambre avec un chandelier allumé dans une main et un pull-over dans l'autre.

GLADYS *(en maugréant)* - Encore un de ces maudits orages ! *(Théâtrale.)* Orage !… oh ! Ecosse ennemie ! Que n'ai-je donc vécu pour avoir tant de pluie ! *(S'arrêtant net.)* Qu'est-ce qui m'arrive, moi ? Ce doit être les plombs qui ont sauté ! Par Saint André ! Juste au moment où je m'apprêtais à partir ! *(Appelant.)* William !… William !

WILLIAM *(apparaissant du fond également, un chandelier à la main et très flegmatique)* - Oui, Madame !… vous m'avez fait appeler ? Qu'y a-t-il ?

GLADYS - Qu'y a-t-il ? Qu'y a-t-il ? Vous ne voyez pas ?

7

WILLIAM - Non, justement je ne vois pas !

GLADYS - Forcément, il n'y a plus de lumière !

WILLIAM *(s'approchant à tâtons et se retrouvant près d'un tableau)* **-** Oh ! Ça doit venir du tableau !

GLADYS - Si vous croyez que c'est le moment de s'intéresser à la peinture !

WILLIAM - Je parlais du tableau… électrique, Madame ! Il faudra quand même penser à changer l'installation un jour ou l'autre !

GLADYS - Encore des dépenses ?… Voyez donc ce que vous pouvez faire en attendant !

WILLIAM - Bien, Madame !

GLADYS *(observant son pull-over)* **-** Il est vraiment parfait !

WILLIAM *(le prenant pour lui)* **-** Merci, Madame, je sais !

GLADYS - Je parlais du pull-over !… Ne trouvez-vous pas qu'il est du tonnerre ?

(A ce moment, un coup de tonnerre retentit.)

WILLIAM *(qui n'a pas bougé)* **-** Du tonnerre est le mot qui convient, en effet !… Au fait, j'ai réparé la visière du casque de l'armure, Madame ! Maintenant, elle s'ouvre bien !… J'ai également trouvé ce que nous prenions pour un fantôme au-dessus de votre chambre : c'était un rat !

GLADYS - Un rat ? Quelle horreur !… il faudra également que je songe à faire réparer le toit !… Bon ! Dépêchez-vous ! Vous savez que je suis pressée !

WILLIAM *(calme)* **-** Oui, Madame ! *(Encore plus lentement.)* J'y cours ! *(Il sort hall d'accueil en s'éclairant de son chandelier.)*

GLADYS - Ah ! Je me demande ce que je ferais sans lui !… Il est intelligent, toujours courtois, jamais un mot plus haut que l'autre… *(On entend William jurer dans le hall.)* Enfin presque !… Il est vrai qu'il y a fort à faire ici ! Ce château est comme moi : il a besoin d'un bon coup de fraîcheur !… Heureusement, nous louons des chambres à peu près toute l'année ! Ça nous paie les factures !

(Elle sort dans sa chambre. Un temps pendant lequel on entend la pluie tomber et l'orage gronder. La lumière revient.)

WILLIAM *(revenant et à l'attention de Gladys)* - Ça y est, Madame! C'était simplement un plomb qui avait sauté!

GLADYS *(toujours son chandelier à la main)* - Oui! Merci, William!... Mais où l'ai-je mis encore!... Et le taxi qui arrive dans une minute! Je sens que moi aussi je vais péter les plombs!

WILLIAM - A ce propos, je signale à Madame qu'elle est encore allumée!

GLADYS - Eh! bien, William! Un peu de respect, je vous prie!

WILLIAM - Oh! Madame! Vous n'y êtes pas du tout!... il s'agit des bougies!

GLADYS *(réalisant)* - Ah! Oui! Excusez-moi!... je suis tellement nerveuse à cause de ce voyage en Italie! Ce n'est pas tous les jours que l'on part en voyage de noces avec son fiancé! *(Elle donne le chandelier à William.)* Tenez! Vous avez raison, il faut faire des économies! *(Elle retourne dans sa chambre.)*

WILLIAM - Oh! Des économies de bouts de chandelles, Madame! *(Il souffle sur les bougies et pose le chandelier sur le petit meuble.)*

GLADYS *(revenant et portant un déshabillé vaporeux)* - William! J'ai une question indiscrète à vous poser! Et ce n'est pas au domestique mais à l'Homme que je m'adresse!... Que pensez-vous de ce déshabillé?... *(William écarquille les yeux.)* Trouvez-vous qu'il soit encore convenable pour une femme de mon âge qui va bientôt se fiancer? *(Elle entame un pas de danse romantique.)*

WILLIAM - Oh!... au point où en est Madame!

GLADYS *(s'arrêtant net de danser)* - Pourquoi dites-vous ça?

WILLIAM - Mais parce que Madame s'en va en voyage à Venise avec un homme de trente ans son cadet! Un homme qu'elle ne connaît que depuis trois mois et qui parle déjà de mariage!... Alors que Madame porte ce déshabillé ou non!

GLADYS *(piquée)* - Et alors? Il est tombé amoureux de moi! Qu'est-ce qu'il y a d'étonnant à ça? Il n'y a pas d'âge pour aimer ni pour être aimé! On a tort de croire que l'Amour est l'apanage de la jeunesse!... Oui, je pars avec un jeune! Les hommes de mon âge m'ennuient! Et comme disait ma mère : la femme est un univers mais l'homme est « un continent »! Surtout à partir d'un certain âge!... Alors oui! Je pars à Venise avec un jeune! D'ailleurs, moi j'aime les jeunes! Ils m'aident à oublier que je vieillis!... Voyez-vous, William, les femmes sont comme les falaises : plus elles sont anciennes, et plus elles sont majestueuses!

WILLIAM *(pour lui)* - Oui et plus elles deviennent friables !

GLADYS - Ah ! Quel dommage que mon regretté Edward ne soit plus là ! Ça, c'était un homme, comme il n'y en a plus !

WILLIAM - Merci pour moi, Madame !

GLADYS - Oh ! Vous, William, ce n'est pas pareil, vous êtes un domestique ! *(Dans ses souvenirs.)* Avec Edward, j'ai eu tout de suite le coup de foudre !

(Coup de tonnerre à l'extérieur.)

WILLIAM - Pourvu que les plombs tiennent le coup !

GLADYS - Et quel amant !... j'en oubliais parfois qu'il était mon mari !... C'était de plus un antiquaire hors pair !... Et il m'a toujours aimée à ma juste valeur !

WILLIAM - Ah ! Ça ! Monsieur s'y connaissait en vieux tableaux !... *(Réaction de Gladys.)* Enfin je voulais dire en vieilles choses !... enfin en objets de valeur, quoi !... *(Changeant de sujet.)* En parlant de Monsieur, j'ai encore trouvé un billet de dix pounds ce matin en nettoyant l'escopette de la grande salle des gardes !

GLADYS - Dans l'escopette ? Quelle idée de cacher de l'argent dans un fusil !

WILLIAM *(montrant le billet)* - C'est peut-être pour montrer que l'argent part en fumée !

GLADYS - Peut-être ! Il est vrai que mon Edward était spirituel ! En revanche, cette manie qu'il avait de cacher de l'argent partout ! Il aurait mieux fait de me le donner !... *(Elle lui arrache le billet de la main.)* Enfin ! Continuez, William, plus vous en trouverez, mieux ce sera ! *(Moue de William.)*

WILLIAM *(fausse sortie)* - Ah ! Est-ce que Madame sait quand elle compte revenir ?

GLADYS - Oh ! Quand on aime, William, on ne compte pas revenir !... En revanche, je crois me souvenir que Bobby a réservé pour une quinzaine de jours ! En attendant mon retour, je vous laisse carte blanche pour la gestion du château !

WILLIAM - Je ferai comme d'habitude, Madame !

GLADYS - C'est vrai que vous vous occupez si bien de tout ! Vous êtes plus que mon majordome, vous êtes une perle ! C'est comme si vous étiez un peu mon fils !

10

WILLIAM - Oh! Maman! *(Se reprenant.)* Je veux dire, Madame!... Ah! J'y pense! Comment fait-on avec le remplaçant du marmiton qui est tombé malade la semaine dernière?

GLADYS - Le marmiton est encore malade? Mais qu'est-ce qu'il a?

WILLIAM - Une dépression nerveuse… à cause du chef-cuisinier! Forcément, il n'arrête pas de hurler alors il fait peur à tout le monde!

GLADYS - Eh! bien, il faut le remplacer!

WILLIAM - Le cuisinier?

GLADYS - Non! Le marmiton!... je ne tiens pas à me séparer de mon chef cuisinier, c'est le moins cher de toute la région!

WILLIAM - Je ne sais pas si j'ai bien fait mais j'ai laissé une petite annonce chez les commerçants!... mais c'était gratuit!

GLADYS - Je sais, j'ai eu la même idée pour les locations!

WILLIAM - Et si quelqu'un se présente?

GLADYS - Recevez-le et embauchez-le si vous pensez qu'il résistera au chef! Je n'ai pas le temps de l'attendre!... Mais méfiez-vous si c'est un Anglais! Ils sont tellement avares qu'ils tirent toujours sur les prix! Alors embauchez… mais à pas cher!... Bon! Sur ce, je me sauve! Pouvez-vous porter ma petite valise dans la cour! Je n'ai pourtant emporté que quelques affaires mais ça pèse tout de suite son poids!

WILLIAM - Bien, Madame! *(Il entre dans la chambre de Gladys.)*

GLADYS *(regardant par la fenêtre)* - Oh! Quel déluge!... Ah! Voilà mon taxi! Vite, William, voilà le taxi qui arrive!

WILLIAM *(revenant avec une énorme valise qu'il a du mal à traîner)* - Mais bon sang! Qu'avez-vous mis là-dedans?

GLADYS - Rien que des affaires légères!... Vite, William, le compteur tourne!

WILLIAM *(aux prises avec sa valise)* - Vite! Facile à dire!... J'espère que le Bobby est costaud! *(Regardant Gladys qui a toujours son déshabillé.)* Oh! My God! Madame! Vous n'allez pas sortir comme ça!

GLADYS - Sortir comment?

11

WILLIAM - Comme ça !

GLADYS - Non bien sûr, je vais mettre mon imperméable ! *(Elle réalise.)* Oh ! Suis-je étourdie ! *(Elle enlève son déshabillé.)* Après tout, je n'en ai pas besoin, je resterai en chemise de nuit !… Dommage ! Ça aurait été plus excitant !

(Elle lui donne le déshabillé et sort dans sa chambre.)

WILLIAM *(détaillant l'objet et pour lui)* - Plus excitant ça ?… si on veut !

(Il le pose sur un fauteuil.)

GLADYS *(revenant en enfilant son imperméable)* - Au revoir et à très bientôt, mon petit William ! *(William soupire.)* Et ne faites pas cette tête-là, c'est moi qui vais sur le pont des soupirs, pas vous ! *(Façon italienne.)* Ciao, William ! A moi Venise, ville mythique des amoureux ! A moi les regards langoureux devant le Palais des Doges et les baisers fougueux sur la place Saint-Marc parmi les pigeons !… Arrivederci ! *(Et elle sort.)*

WILLIAM *(la suivant péniblement)* - Les pigeons ! Les pigeons ! Pour l'instant, j'ai bien l'impression que c'est moi le pigeon !

GLADYS *(voix off)* - Alors William, cette valise, ça vient ?

WILLIAM - Oui, voilà, ça vient ! Ça vient !

(Il sort en ronchonnant. On entend à nouveau la pluie. Un temps. Le téléphone sonne plusieurs fois. Revenant en ôtant quelques gouttes de pluie de son gilet.)

Oui ! Voilà, ça vient ! Ça vient !… Ah ! My God ! Quel vent ! *(Il décroche.)* Allô !… ah ! Non ! Désolé Monsieur, Madame ne vend pas ! Et elle ne vendra sous aucun prétexte !… C'est ça Monsieur, au revoir ! *(Il raccroche.)* Maudits requins, toujours à l'affût !… Et maintenant, après l'effort, le réconfort ! *(Il se sert un verre.)* Comme dit la célèbre formule écossaise : l'alcool, non !… mais le whisky, oui ! *(Il s'approche de la fenêtre et regarde à l'extérieur.)* Quel vent, mes ancêtres ! Quel vent !… *(Le téléphone sonne à nouveau. Il décroche.)* Allô ! Miss Jane ? Quel bon vent ?… Comment ? Votre Maman est malade et vous êtes obligée de venir la soigner ? Mais c'est formidable, ça !… Non, pas qu'elle soit malade bien qu'elle soit d'un âge où les médicaments commencent à coûter plus cher que sa garde-robe ! Non, je disais : « C'est fantastique ! » parce que Madame est partie en voyage pour quinze jours et comme Madame votre mère est l'une de nos voisines, on pourrait peut être se voir ici au château!... Oui! Ce serait mieux qu'à l'hôtel, c'est sûr!... Alors préparez vos bagages et moi je prépare la chambre!... la mienne, bien entendu!... C'est ça, je vous attends de pieds fermes!... Oui, et le reste aussi, Miss Jane! *(Il raccroche en souriant, finit son verre et va s'en resservir un autre. Il s'assoit sur un fauteuil et sirote son élixir.)* C'est quand même beau la vie de château!... Me voilà enfin seul! *(On sonne à la porte d'entrée.)* Enfin presque!

(Il sort et revient accompagné de Richard, la trentaine, vêtu d'un imperméable. Il a l'air très angoissé et porte une petite valise.)

RICHARD *(à William qui le regarde avec des yeux ronds)* - Hello! Edgar!

WILLIAM *(rectifiant et toujours son verre à la main)* - William, Sir!

RICHARD - Ah! Yes, William! *(Pour lui.)* Comment vais-je lui dire tout ça? Mon anglais est si loin! *(Il prend le verre des mains de William qui ne réagit pas et le boit d'un trait.)* Voilà! Aille ame vairi glade tou si you eugaine beute aille ouante tout sai you zate aille ame... Comment dit-on «désolé» déjà?

WILLIAM - Sorry! Tout simplement!

RICHARD - Ah! Merci!... *(Prêt à continuer sa phrase, il réalise soudain.)* Comment ça : «tout simplement!», mais alors you speak français?

WILLIAM - Voyons, Monsieur, vous avez oublié que j'ai fait toutes mes études en France!... Quant à vous, vous êtes Richard Leblanc, le neveu de Madame, n'est-ce pas?

RICHARD - Ah! Vous m'avez reconnu? Il y a si longtemps! Cinq ans déjà que je ne suis pas revenu au château!... mais cette fois-ci, je suis très embarrassé et...

WILLIAM *(lui proposant de lui prendre sa valise et le verre)* - Puis-je vous débarrasser, Monsieur? *(Il prend la valise et le verre.)*

RICHARD - Oh! Edgar, c'est affreux!... *(William en entendant le mauvais prénom lève les yeux au ciel, pose le verre sur le plateau et pose la valise devant la porte de la chambre bleue.)* Voilà! J'ai un énorme problème! *(Il regarde en direction de la porte d'entrée.)* Il y a très peu de temps, j'ai rencontré une femme, une très belle femme!

WILLIAM - Ah! Oui, je vois! Monsieur a peur de se la faire enlever par un autre!

RICHARD - Non! De ce côté-là, il n'y a pas de souci à se faire, elle est tellement droite!

WILLIAM - Justement, ce sont les pires!… Enfin, je vois que Monsieur est naïf! Je le laisse avec ses illusions!… Alors, où est le problème?

RICHARD - Eh! bien, voyez-vous, je suis tombé amoureux de cette femme et…

WILLIAM - Alors là, effectivement, il y a un problème car comme disait ma grand-mère, lorsqu'il y en a un qui ferme les yeux, l'autre ne voit plus clair!

RICHARD *(surveillant l'entrée)* - Oh! Non, ne plaisantez pas! Le temps presse!… Voilà! J'ai rencontré Delphine, il y a trois mois et je suis tombé sous le charme!… ça existe le coup de foudre, vous savez!

(Coup de tonnerre à l'extérieur.)

WILLIAM - A qui le dites-vous!… *(Pour lui.)* Pourvu que les plombs tiennent le coup!

RICHARD - J'ai complètement disjoncté en la voyant! Ça ne s'explique pas, c'est comme ça!… Elle est si belle, si douce! Elle sait tout faire!… Issue d'une famille aisée, elle est à l'aise partout! Alors pour ne pas avoir l'air médiocre et surtout pour ne pas la perdre, je lui ai fait croire que je possédais un château… en Ecosse!

WILLIAM - Excellent le choix de l'Ecosse! Ça marche mieux qu'en Espagne, paraît-il!… Mais au fait, pourquoi en Ecosse plutôt qu'ailleurs! Il y a tellement de beaux châteaux en France!

RICHARD - Bah!… parce que j'ai choisi un château que je connaissais et…

WILLIAM - Eh! bien, tant mieux! Comme ça, vous pourrez venir nous voir plus souvent, votre amie et vous car vous savez que les portes de ce château vous seront toujours grand ouvertes! L'hospitalité écossaise n'est-elle pas mondialement reconnue!

RICHARD - Vous n'avez pas compris!… mon amie est là et le château en question… c'est celui-ci!

WILLIAM - Ici?… très bien! *(Réalisant.)* Ici?… ah! Non!

RICHARD - Pourquoi? Vous avez dit que je pourrai venir quand je voudrai!

WILLIAM - Oui, peut-être mais pas maintenant! *(Pour lui.)* Et mon rendez-vous avec Jane!

RICHARD - Pardon ?

WILLIAM - Je disais que ça me Jane... euh ! Ça me gêne, voilà !... Enfin si j'ai bien compris, vous voulez dire que vous lui avez fait croire que vous étiez propriétaire du château de Madame ?

RICHARD - Oui !... au fait, où est-elle, la tante Gladys ?

WILLIAM - En voyage, pour quinze jours !

RICHARD - En voyage d'affaires ?

WILLIAM - En voyage avec beaucoup d'affaires, oui !... Bon, écoutez ! Je ne sais pas ce que vous avez manigancé mais il n'est pas question de continuer ce jeu stupide ! Vous lui avouez toute la vérité, on boit un bon whisky et on n'en parle plus !

RICHARD - Mais je ne peux pas ! Si je lui dis la vérité maintenant, elle risque de m'en vouloir et de partir furieuse !

WILLIAM - Oh ! Une de perdue...

RICHARD - Et puis, il faut vous dire qu'en ce moment, c'est un peu la dèche !

WILLIAM - La quoi ?

RICHARD - La dèche ! La misère, quoi !... Je suis romancier, enfin j'essaie de l'être ! J'ai écrit deux ou trois nouvelles mais rien d'extraordinaire ! Et là, j'ai rencontré Delphine dont le père est éditeur : les éditions Sterling, une grosse maison d'éditions !... Vous connaissez ?

WILLIAM - Les livres Sterling ? Ah ! Oui ! Je connais bien !

RICHARD - Il est d'accord pour éditer un de mes livres s'il est bon et moi, je m'en sens capable !... Seulement, il m'impose d'apporter la moitié du coût de l'édition ! Alors j'ai accepté et pour faire plus crédible aux yeux de Delphine, j'ai inventé cette histoire de château, le temps de réunir l'argent nécessaire ! Et comme elle voulait voir ce château à tout prix, voilà pourquoi nous sommes là ce soir !

WILLIAM - Oh ! My God ! Vous êtes bien un Français, vous ! Vous aimez les complications !

RICHARD - Mais nous ne resterons pas longtemps ! Je m'arrangerai avec ma tante plus tard mais je vous en prie, marchez dans la combine !

WILLIAM *(regardant sous ses semelles)* - Marcher où ça, Monsieur ?

RICHARD *(surveillant à nouveau l'entrée)* - Je vous demande simplement de dire comme moi !

WILLIAM - Non, désolé, Monsieur ! Je ne puis accepter un tel marchandage en l'absence de Madame ! Si elle savait ça, elle me mettrait à la porte !

RICHARD - Elle n'en saura rien puisqu'elle n'est pas là et que nous serons repartis bien avant son retour !... Je vous donne carte blanche mais aidez-moi !

WILLIAM - Mon esprit cartésien m'interdit ce genre de blague !

DELPHINE *(voix off)* - Richard ?... Richard ?

RICHARD - Vite Edgar, c'est mon unique chance, ce bouquin !

WILLIAM - Non ! Vraiment, j'hésite !

RICHARD - Tenez ! Si ça marche, je vous promets un petit intéressement aux bénéfices du livre !

DELPHINE *(voix off)* - Richard !... Richard !

WILLIAM *(soudain intéressé)* - Un intéressement ? C'est intéressant !

RICHARD - Oui ! Promis mais décidez-vous vite !

WILLIAM - Ne croyez pas que je sois vénal mais vu comme ça, j'accepte mais à une condition !

RICHARD *(les yeux rivés sur l'entrée)* - Laquelle ?... vite !

WILLIAM - Cessez de m'appeler Edgar ! Je me nomme William !

RICHARD - Entendu, Edgar ! Je vous appellerai William si ça vous fait plaisir !

DELPHINE *(voix off)* - Richard, où es-tu ?

RICHARD - Vous allez voir, elle est adorable !

(Delphine entre. Habillée classique, elle porte un manteau et un chapeau très excentriques. Elle pose son chapeau sur la tête de William sans s'apercevoir de sa présence.)

Ma chérie, te voilà !... Oh ! Tu es toute trempée ! Déshabille-toi, tu vas attraper froid ! *(Il lui retire son manteau et le pose sur le bras de William qui reste stoïque.)*

16

DELPHINE *(n'ayant toujours pas vu William)* - Ça ne m'étonnerait pas avec un temps de chien pareil !... quel sale pays !

RICHARD *(voulant l'interrompre)* - Ma chérie, je te prés...

DELPHINE - Non, mais franchement ! Quelle idée d'acheter un château dans ce pays de dégénérés. Parce que c'est bien connu, la Grande-Bretagne est un pays de dégénérés !... Ils ne font rien comme tout le monde ! La preuve : ils roulent à gauche ! On a même failli avoir un accident tout à l'heure !

RICHARD *(très gêné)* - Oui mais c'est parce que tu roulais à droite, ma chérie !... Dis-moi, je voulais te présent...

DELPHINE - Oui, passons !... J'espère au moins que tu as des larbins pour porter nos valises jusqu'ici !

RICHARD *(de plus en plus confus)* - Justement, ma chérie, je voulais...

DELPHINE *(apercevant enfin William)* - Ah ! Mais si, tu as un larbin !... Dis donc, il n'a pas l'air commode, celui-là mais dans ce pays de sauvages, il ne faut pas trop demander ! *(A William qui ne bronche pas.)* Allez ! Allez !... qui c'est qui va chercher les petites valises sous la grosse pluie-pluie ?... Toi certainement te faire mouiller mais toi y en a avoir l'habitude des grosses pluies-pluies !... Et toi bouger ton derrière sinon toi te faire virer ! *(Richard ne sait plus où se mettre.)*

WILLIAM - Que Madame se rassure, moi pas sauvage ! *(La mimant.)* Moi aller chercher les valises sous la grosse pluie-pluie parce que moi pas fragile ! Moi esclave costaud, capable de faire travail très dur ! Moi pas être comme petits français chétifs toujours malades à manger des escargots et des cuisses de grenouilles ! Non mais ! *(Il ajuste le chapeau de Delphine sur sa tête d'un air pincé et sort.)*

DELPHINE - Eh ! bien, quoi ? Qu'est-ce que j'ai dit de mal ?... Ils sont susceptibles, ces Anglais !

RICHARD - Ecossais, ma chérie, Ecossais !

DELPHINE - Est-ce que je pouvais deviner qu'il allait comprendre le français ?... En tous cas, tu me feras un grand plaisir, mon Amour !

RICHARD - Tout ce que tu veux, ma chérie !

DELPHINE - Cherche un autre domestique ! Celui-là m'agace !

RICHARD - Comment ? Mais c'est-à-dire que...

DELPHINE - Donne-lui son solde de tout compte et renvoie-le!

RICHARD - Mais il connaît cette demeure mieux que tout le monde et il est très compétent, je t'assure!

DELPHINE - Mais personne ne connaît mieux ce château que toi, mon Amour, n'est-ce pas?

RICHARD - Oui, c'est vrai, mais…

DELPHINE - Oublions ça, veux-tu, et sers-nous plutôt un verre!… un porto pour moi!

RICHARD *(hésitant et regardant tout autour de lui)* - Oh! Mais certainement! *(Puis soudain, pour gagner du temps.)* Et si tu allais te rafraîchir un peu?

DELPHINE - C'est une bonne idée! Où est la salle de bains?

RICHARD - La salle de bains?… ah! Oui!… où est la salle de bains?… C'est très compliqué! Je te l'expliquerai plus tard! *(Il se dirige au hasard vers la porte de la chambre bleue, l'ouvre et invite Delphine à y entrer.)* Essaie cette pièce là! Tu trouveras certainement de quoi te rafraîchir!

DELPHINE - D'accord, à tout de suite! *(Elle sort.)*

RICHARD - Ouf!… bon, maintenant l'apéritif! *(Apercevant les verres sur le plateau.)* Les verres sont là mais où se trouvent les bouteilles? *(Il cherche dans toute la pièce.)*

DELPHINE *(sortant de la chambre)* - Alors Darling, ce drink est-il prêt?

RICHARD - Presque!

DELPHINE - En tous cas, il est temps qu'une femme de goût s'occupe de la déco dans cette ruine! C'est d'un rococo!… tu ne dois pas souvent recevoir de femme, à ce que je vois! *(Elle aperçoit le déshabillé de Gladys sur un fauteuil.)*

RICHARD *(cherchant toujours)* - Moi? Jamais!

DELPHINE *(ayant déployé le déshabillé)* - Et ça, c'est quoi?… ta nouvelle tenue de Drag Queen?

RICHARD - Ah! Ça?… ce n'est rien! Ça fait partie des vieux vêtements que l'on conserve au grenier et que l'on donne aux enfants du pays pour qu'ils se déguisent!

DELPHINE - C'est vraiment minable! *(Elle le roule en boule.)* Ne t'encombre pas avec toutes ces vieilleries, Darling!... je vais le mettre à la poubelle!... Bon! Je retourne dans cette horrible chambre! Elle est d'un bleu épouvantable!... Moi qui déteste cette couleur!

RICHARD - Ah! Oui? Pourtant, il paraît que c'est très reposant comme couleur, mon Amour!

DELPHINE - Peut-être mais il faudra quand même changer cette affreuse tapisserie! *(Et elle retourne dans la chambre avec le déshabillé roulé en boule sous le bras.)*

(Arrivée de William avec quatre valises qu'il a bien du mal à porter.)

WILLIAM *(pour lui)* - Décidément, ce n'est pas mon jour aujourd'hui avec les valises! Quand on dit que les voyages forment la jeunesse, moi, ils me déforment les bras!... *(A Richard.)* Ah! Monsieur! Puis-je mettre ces valises dans votre chambre?... J'avais pensé à la chambre bleue!

RICHARD - Oui, bien sûr! *(Se ravisant vivement.)* Non! Finalement, je préférerais une autre chambre que la bleue!

WILLIAM - Ah! Bon? Pas la bleue?... eh! bien, alors la rose!... ça vous irait la rose?

RICHARD - Parfait! Mettez-les dans la rose!

(William emporte les valises, prend au passage la valise restée devant la porte de la chambre bleue et entre dans la chambre rose. Il revient essoufflé.)

DELPHINE *(revenant et apercevant William)* - Vous êtes toujours là, vous? *(A Richard.)* Je croyais t'avoir demandé de te débarrasser de ce domestique!

RICHARD - Enfin, voyons, ma chérie! Ça ne se fait pas comme ça!... Laisse-lui encore une chance!

DELPHINE - Bon! On verra!... Je peux continuer la visite du chef-d'œuvre en péril?

RICHARD - Vas-y, ma chérie et ne sois pas trop dure avec ce bien de famille! *(Elle entre dans la chambre rose.)*

WILLIAM - Je peux faire une remarque à Monsieur?

RICHARD - Allez-y!

19

WILLIAM - Elle commence rudement à m'agacer votre amie si adorable! Si elle continue, je vais tout lui raconter!

RICHARD - Enfin, voyons, Edgar… euh! William, laissez-lui encore une chance!… Tenez, pour nous détendre, nous allons porter un toast! Servez-nous un whisky et un porto! *(Pour lui.)* Que je sache où se trouvent ces maudites bouteilles!

WILLIAM - Pardon, Monsieur? *(William soulève le dessus du coffre où sont rangées les bouteilles, sert un verre à Richard et un autre pour Delphine.)*

RICHARD - Rien! Rien! *(Regardant au-dessus du coffre.)* Ah! Elles sont là!

WILLIAM - Quoi donc, Monsieur?

RICHARD - Rien! Rien!… Prenez un verre également! Au Diable, l'avarice!

WILLIAM *(pour lui)* - Mais oui! Au diable l'avarice!… surtout quand ce sont les autres qui paient! *(Il se sert un whisky.)*

RICHARD - Ne soyez pas trop sévère avec Delphine!… c'est une timide! Et les timides sont comme les musiciens, pour se faire reconnaître, ils composent!… En tous les cas, pour moi, elle est adorable! Il y a des moments où, devant elle, j'ai l'impression d'être… comment dire…

WILLIAM *(sirotant)* - Idiot!

RICHARD - Ça se voit tant que ça?

WILLIAM - Comme le nez au milieu de la figure, Monsieur!

DELPHINE *(sortant de la chambre rose. Richard se précipite vers elle en lui apportant son verre)* - Merci, Darling!… Dis-moi, j'ai vu que nos valises étaient dans cette affreuse chambre rose pisseux! J'ose espérer que nous n'allons pas dormir dedans!… Je préfère encore celle d'à côté!

RICHARD - Comme tu voudras, ma chérie!… William, les valises, s'il vous plaît!

WILLIAM - Ah! Non! Pas les valises!

DELPHINE - Comment ça : « Ah! Non! Pas les valises! »? *(Elle lui prend son verre et le pose sur le guéridon.)* On ne vous paie pas pour boire notre whisky.

WILLIAM - Oh! Le culot! *(Il reprend son verre, le finit rapidement et le repose.)*

RICHARD *(doux)* - William, s'il vous plaît, voudriez-vous avoir l'extrême gentillesse de changer les valises de chambre ?

WILLIAM *(hurlant)* - Mais certainement, Monsieur ! Avec joie ! *(Bas.)* Elle m'énerve, votre timide ! Moi aussi je vais composer mais ça ne va pas être la même musique ! *(Il entre dans la chambre rose.)*

DELPHINE - Dis-moi, Darling, j'ai fait le tour du château ! Il n'est pas en très bonne forme ! Il y a des pierres qui roulent et les murs ramassent la mousse !... De quand date-t-il exactement ?

RICHARD - Oh !... il date ! *(William revient avec les cinq valises et voit Richard bien ennuyé pour répondre.)*

DELPHINE - Mais encore ?

RICHARD - Eh ! bien, ce château a été construit en…

WILLIAM - *(ayant soudain une idée)* - Vous habitez toujours dans le XVIème arrondissement, Monsieur ?

RICHARD - Oui, pourquoi ?

WILLIAM *(posant ses valises et lui faisant des signes qui représentent le château)* - Le XVIème, Monsieur !

DELPHINE *(voyant le manège sans comprendre)* - Tu es sûr qu'il va bien ?

RICHARD *(comprenant enfin)* - Ah ! Oui ! Ça y est, j'ai compris !

WILLIAM *(reprenant ses valises)* - Ah ! Tout de même ! *(Il s'engouffre dans la chambre bleue.)*

RICHARD - Si ! Il va très bien mais tu sais, les Ecossais, ça parle beaucoup avec les mains !

DELPHINE - Ce ne sont pas les Italiens qui parlent avec les mains ?

RICHARD - Si mais les Ecossais aussi !... Mais tu me posais une question, je crois ! *(William revient satisfait d'avoir aidé Richard et attend la réponse de celui-ci, fier de lui.)* Tu voulais savoir la date de construction du château !... C'est simple, ce château, vois-tu date du XVIème arrondissement ! *(Mouvement de William. Il se reprend vivement.)* Du XVIème siècle !

WILLIAM - En 1515 exactement! C'est facile à se souvenir 1515 pour vous les Français!

DELPHINE - Tiens! Je ne savais pas que les Anglais s'étaient battus à Marignan!

WILLIAM - Ce sont les Français et les Suisses, Madame qui ont combattu à Marignan!… Mais pour en revenir au château, l'histoire raconte que ce sont les descendants de Sir William Wallace, héros de l'indépendance écossaise, 1270 - 1305, qui le firent construire! Et comme la couleur dominante du blason de la famille était le bleu, il y a toujours eu une chambre bleue au château!

RICHARD - C'est donc un héros pour l'Ecosse!

WILLIAM - Oui! Malheureusement, après s'être opposé à Edouard 1er, Roi d'Angleterre de l'époque, il fut décapité!

DELPHINE - Décapité?… Eh! bien, moi je ne dormirai pas dans la chambre d'un décapité! *(A William.)* Remettez les valises dans l'autre chambre!

WILLIAM *(pour lui)* **-** Oh! My God! Je sens que je vais faire un malheur!*(Et il repart dans la chambre bleue pour aller rechercher les valises.)*

DELPHINE - Non mais tu te rends compte! Il voulait nous faire dormir dans la chambre d'un décapité! Il a perdu la tête ou quoi? *(Elle ouvre la porte de la chambre de Gladys.)* Tiens! Celle-là m'a l'air plus agréable! *(A William qui revient avec ses valises de la chambre bleue.)* Mettez-les plutôt dans cette chambre-là!

WILLIAM - Ah! Non! Pas celle-là, c'est la chambre de Mad…

DELPHINE - Si! Elle est parfaite! C'est un ordre!

(William en ronchonnant balance littéralement les valises dans la chambre de Gladys.)

Dis-moi, ce château est-il hanté? Voilà un sujet de roman : une histoire de fantôme décapité! Tu devrais y songer! Mais d'ailleurs, tu devrais déjà être au travail! Allez ouste! Je veux le chapitre premier sur mon bureau demain matin! *(Elle le pousse dans la chambre de Gladys.)* A tout à l'heure, William! *(Et elle entre aussi dans la chambre.)*

WILLIAM *(l'imitant)* **-** A tout à l'heure, William!… Oh! My God! Si Madame savait ça! *(Il sort pan coupé jardin.)*

(Le téléphone sonne. Delphine sort de la chambre. William revient en trombe et bouscule Delphine. C'est elle qui décrochera la première.)

DELPHINE *(à William)* - Merci! C'est bon! Je m'en occupe!… Vous pouvez disposer!

WILLIAM - Elle m'énerve! *(Il sort pan coupé jardin.)*

DELPHINE - Allô?… oui, Monsieur, je parle français!… oui!… oui!… attendez, je note!… *(Elle prend un papier, un stylo et note.)* Pour une certaine Gladys?… Ses craintes étaient fondées et que la preuve existe à Edimbourg!… bien, c'est noté! Je lui ferai la commission!… au revoir Maître! *(Elle raccroche, laisse le papier sur le meuble et sort dans la chambre de Gladys.)*

(On sonne à la porte d'entrée. Un temps. Puis Geoffroy et Grâce entrent. Il est vêtu d'un costume classique. Il a l'air très pédant et sourit exagérément. Elle porte un grand manteau blanc avec une capuche, elle a le teint pâle. Elle porte également des lunettes à verres épais, coiffure et habillement très stricts.)

GEOFFROY *(mondain)* - Holà! Il y a quelqu'un? *(Détaillant la pièce.)* Oh! Magnifique! Quelle opposition des matériaux! Quelle densité!… c'est exactement comme je l'imaginais!

GRACE - J'espérais que pendant quinze jours, tu oublierais un peu ton boulot et que tu profiterais de ce pays superbe avec son passé si riche et ses décors si impressionnants! Au lieu de ça, tu vas encore imaginer je ne sais quel plan pour transformer un bâtiment, une vieille bâtisse ou peut-être même ce château!

GEOFFROY - C'est pourtant simple, ma chère Grâce! N'oublie pas que je suis un architecte D.P.L.G. et qu'à ce titre, je fais tous les jours une recherche constante entre le beau et l'utile! Et rien n'empêche de joindre l'utile à l'agréable!… C'est mon sacerdoce, je suis archi!

GRACE *(pour elle)* - Bon vivant en architecture mais dans la vie, archi… nul!

GEOFFROY - D'ailleurs je n'ai que quinze jours dans cette location pour préparer un projet et trouver ce que je cherche! C'est drôle mais même en vacances, je suis charrette!

GRACE - Charrette! Tu n'as que ce mot à la bouche!

GEOFFROY - Forcément! Nous autres, architectes, nous courrons toujours après le temps!

GRACE - Si j'ai bien compris, je vais encore rester seule dans mon coin!... les cartes avaient raison!

GEOFFROY - Les cartes!... vois-tu, Grâce, ce qui nous différencie toi et moi, c'est que toi, tu dialogues avec les fantômes et moi, je dialogue avec les volumes!

GRACE - C'est ça! Fais de l'esprit!... Il est vrai que tu dialogues davantage avec ta planche à dessins qu'avec moi!

GEOFFROY - Oh! Je t'en prie, ne sois pas mesquine!... Je sais que ma présence ne t'est pas toujours très agréable au bout de ces trois ans de vie commune, mais fais un effort!... Tu sais bien que nos deux familles souhaitent que nous restions ensemble!

GRACE - Surtout la tienne! Mon père était si riche!... Il m'a apporté l'argent mais pas le bonheur! Je suis laide, je le sais! Tout ce que je connais de la beauté, c'est celle de l'intérieur! Mais le regard des autres est bien extérieur, lui!... et le tien l'est aussi!... Quand je pense que j'ai osé croire que tu étais différent!

GEOFFROY - Arrête cette scène stupide, veux-tu! Tu vas faire pleurer les ancêtres de ce château!

GRACE - Ne te moque pas des ancêtres de cette demeure, Geoffroy, tu n'en as pas le droit!... et ça porte malheur!

GEOFFROY - Encore ces balivernes de mauvais présages et d'âmes réincarnées!

GRACE - Eux, au moins, m'écoutent quand je leur parle!... Tiens! J'ai oublié mon sac dans la voiture! Je vais le chercher!... Fais quand même attention à toi!... je sens des ondes! *(Elle sort, hall d'accueil.)*

GEOFFROY - Oui! Sorcière!... Ah! Décidément, ma pauvre femme n'est pas gâtée! Non seulement elle est laide mais en plus elle est folle!... Heureusement, la richesse de son père me fait oublier tout ça! *(Il inspecte la pièce.)* En tous cas, la réhabilitation me paraît possible! C'est presque dommage de sacrifier tout ça!

WILLIAM *(revenant)* **-** Oh! Ce chef-cuisinier, quel râleur! On dirait un Français!... Il n'est pas content parce qu'il n'a toujours pas de marmiton! *(Apercevant Geoffroy qui scrute le plafond.)* Ah! Mais le voilà mon marmiton!... un peu vieux pour un apprenti mais avec la crise de l'emploi!... En tous cas, vu son habillement, il n'est pas écossais!

GEOFFROY *(pour lui)* **-** Des fantômes! Il faut être sonné pour croire à ce type de sornettes!

24

(William plie une nappe blanche. Geoffroy l'aperçoit et sursaute.)

Oh! Hello Sir!... Aille ame vairy glade tou si you...

WILLIAM *(l'interrompant)* - Ne vous fatiguez pas, je parle français! *(Pour lui.)* Il n'est donc pas anglais!

GEOFFROY - Ah! Bon!... Eh! bien alors... bonjour, Monsieur! Voilà! Je viens pour l'annonce! Je tiens à vous dire que je suis disponible le temps qu'il faudra et j'ajoute que les conditions me satisfont pleinement!

WILLIAM - Parfait! Nous allons gagner du temps! *(Pour lui.)* Quelqu'un qui ne discute pas les prix? Ce n'est certainement pas un Français!

GEOFFROY - De plus, s'il faut rallonger la sauce, comme on dit, ce ne sera pas un problème!

WILLIAM - Rallonger la sauce, c'est mon chef-cuisinier qui va être content!

GEOFFROY - Vous savez, j'ai plein de projets mais je tiens à les mitonner tranquillement!

WILLIAM - Mitonner? Monsieur a le sens de l'humour!... Et si nous commencions la visite par les cuisines?

GEOFFROY - Volontiers! *(Pour lui.)* Ce domestique est stupide mais il a l'air honnête! *(Et ils sortent pan coupé jardin.)*

RICHARD *(entrant avec Delphine)* - Ecoute ma chérie, désolé de te contredire à nouveau mais je t'assure qu'écrire un roman, c'est comme pour une recette de cuisine : ce n'est pas parce qu'on a tous les ingrédients qu'on aboutit forcément à un bon résultat! Ça doit mijoter tranquillement!

DELPHINE - Eh! bien, ne laisse pas mijoter trop longtemps si tu veux faire bouillir la marmite!... Ecris!

RICHARD *(obéissant)* - Oui. Delphine!

GRACE *(voix off et timidement)* - Geoffroy?

RICHARD *(croyant que c'est Delphine qui a parlé)* - Tu as froid, ma chérie?

DELPHINE - Non! Ça va! Pourquoi?

RICHARD - Je ne sais pas, tu viens de me dire : « J'ai froid! »

25

DELPHINE - Moi? Mais je n'ai pas prononcé un mot! *(Riant.)* C'est peut-être un de ces fameux fantômes écossais! *(Elle regarde les livres de la bibliothèque.)*

RICHARD - C'est malin!… Arrête de parler de ça, ça me glace le dos!

GRACE *(voix off)* **-** Geoffroy!… *(Delphine et Richard se regardent sans mot dire.)* Geoffroy!

DELPHINE et RICHARD *(en même temps)* **-** Tu as froid? *(Même jeu, pas rassurés.)* Non!

GRACE *(entrant par le hall d'accueil, sa capuche sur la tête, toujours très pâle et restant immobile. Un coup de tonnerre retentit)* **-** Geoffroy!

(Delphine et Richard aperçoivent Grâce en même temps et sursautent. Sans bouger.)

Bonsoir!

(Les deux autres sursautent à nouveau.)

RICHARD *(en se rapprochant de Delphine et inquiet)* **-** En tous cas, ce n'est pas un fantôme écossais!

DELPHINE - A quoi vois-tu ça?

RICHARD - Il parle français!

DELPHINE - Français ou écossais, mon Dieu, qu'il est laid!

GRACE *(abaissant sa capuche)* **-** Excusez-moi, je cherche mon mari!

RICHARD - Votre mari? Désolé! Nous ne l'avons pas vu hanter… euh! Entrer!

GRACE - Je me présente : Grâce de Beaumanoir!

DELPHINE *(à Richard)* **-** Il n'y a que le manoir qui soit beau!

GRACE - Je vous ai peut-être fait peur! Si c'est le cas, je vous prie de m'excuser!

RICHARD - Non! Pas du tout!… pas du tout!

GRACE - Tant mieux!…Vous êtes le propriétaire de ce château?

RICHARD - Ah! Non! *(Voyant Delphine qui le dévisage.)* Si! Si! bien sûr! Je suis le… et vous?

GRACE - Je viens passer quinze jours en location ici avec mon ami! C'est la première fois que je viens en Ecosse! Je trouve votre pays merveilleux et si énigmatique!

RICHARD *(faisant semblant de comprendre)* **-** Ah! La location! Il fallait le dire!... oui! bien sûr! Ça explique tout, la location!

WILLIAM *(entrant sans remarquer la présence de Grâce)* **-** Ah! Vous êtes là! Je vous prie de m'excuser mais juste un petit problème à régler!

RICHARD - Rien de grave, j'espère!

WILLIAM - Non! Monsieur! *(Souriant.)* Figurez-vous qu'une espèce d'hurluberlu est venu pour la place du marmiton! Il était très sympathique au début voire même souriant jusqu'à s'en décrocher la mâchoire. Mais dès que je l'ai confié à mon chef-cuisinier, il a fait un de ces cinémas! On aurait dit Laurel et Hardy!

DELPHINE - Le chef-cuisinier? Cette espèce d'ostrogoth que j'ai entendu hurler quand j'ai fait le tour du château?

WILLIAM - S'il hurlait, c'était bien lui! C'est vrai qu'il n'est pas commode!... Et quand ça ne va pas comme il veut, il donne des coups et bâti comme il est!

RICHARD - Mon cher William, je trouve que les Ecossais sont cruels avec les débutants!

WILLIAM - Pas du tout, Monsieur! Mais la grande différence entre vous, les Français et nous, les écossais, c'est que tout le temps que vous passez en bavardages syndicaux, nous, nous le passons à travailler!... et les résultats s'en font sentir!

DELPHINE - Et que dit-il, ce pauvre homme?

WILLIAM - Il dit des mots insensés! Il n'arrête pas de dire : « Je suis charrette!... je suis charrette! » Alors le chef qui comprend le français lui a dit en écossais : « Tu n'avais qu'à prendre le train parce que maintenant c'est moi qui vais te le botter! » *(Il rit.)* Il prétend être D.P.L.G.! Ça doit vouloir dire : Débutant Pour Lustrer Les Gamelles!

GRACE *(doucement)* **-** Non! Ça veut dire Diplômé Par Le Gouvernement! Il est architecte et c'est mon ami!

WILLIAM *(sursautant en apercevant Grâce)* **-** Ah! Quelle horreur! Enfin je veux dire : oh! Quelle erreur!... j'ai confondu un architecte et un cuisinier!

GRACE *(souriant)* - Surtout qu'il a horreur de faire la cuisine !

WILLIAM - Oh ! My God ! Et mon chef qui est en train de le cuisiner !

GRACE - Je suis un peu déçue, Monsieur ! J'arrive de France où l'on m'avait vanté l'hospitalité écossaise ! Je vois qu'il n'en est rien et je me demande si j'ai choisi le bon endroit pour passer des vacances !… J'étais pourtant si heureuse de louer ici pendant ces quinze jours !

WILLIAM - Ah ! Parce que c'est vous qui avez loué ?… Oh ! Non ! Madame ne partez pas !… Et puis d'abord il faudrait être sûr qu'il s'agisse bien de votre mari.

GRACE - Une espèce d'hurluberlu souriant jusqu'à s'en décrocher la mâchoire, c'est bien ce que vous avez dit ?

WILLIAM - Je suis désolé, Madame ! En fait, il ne faut rien exagérer ! Il ne souriait pas tant que ça !

GRACE *(à Richard)* - Monsieur, en qualité de maître des lieux, vous pourriez peut-être me conseiller !

DELPHINE *(à Richard)* - S'il n'y avait que moi, ce serait tout de suite réglé ! Je virerais le domestique !

GRACE - Non ! Ne faites pas ça, Madame ! Il a cru bien faire !… Cet homme n'a pas l'air méchant, bien au contraire ! *(Elle le détaille avec insistance.)* Il a le front intelligent, l'œil vif, la bouche indiquant une affectivité débordante et la forme de son visage laisse prévoir un homme fin et sur qui on peut compter !

WILLIAM *(à Grâce)* - Merci beaucoup, madame ! Apparemment, vous êtes très observatrice ! *(Il passe devant Delphine.)* Ce n'est pas le cas de tout le monde !

RICHARD - Oui, bon !… William, allez chercher ce pauvre homme à qui vous avez imposé la surprise du chef et présentez-lui vos excuses quand même !

WILLIAM *(encore sous l'effet des compliments et façon play-boy)* - Mais certainement, Monsieur !… j'y vais !

DELPHINE - Nous pourrions en guise de dédommagement vous faire une ristourne sur le prix de la location, n'est-ce pas Richard ?

WILLIAM *(réagissant au mot de « ristourne »)* - Ah ! Non ! Pas ça !

DELPHINE - Vous, l'homme au front intelligent, on ne vous a rien demandé !

28

WILLIAM *(à Delphine)* - Oh! Le culot! Elle m'énerve! Elle m'énerve!

DELPHINE *(à Richard)* - Alors, c'est oui?

RICHARD *(dans un geste d'impuissance)* - Oui, pourquoi pas?... on pourrait leur offrir les deux premières heures?

DELPHINE - Oh! Voyez donc ce petit mesquin!... c'est la semaine toute entière que nous vous offrons!

GRACE - C'est trop!

WILLIAM *(pour lui)* - C'est ce que je pense aussi!

GRACE - Mais j'accepte! Merci!

WILLIAM *(furieux et mimant Delphine)* - Oh! Le petit mesquin! C'est la semaine toute entière que nous vous offrons!... Elle va nous ruiner, celle-là!... Elle m'énerve! Ce qu'elle peut m'énerver! *(Il sort vers la cuisine.)*

GRACE - Je vous remercie de votre gentillesse!

DELPHINE *(mielleuse)* - Mais c'est tout naturel!... appelez-moi Delphine!

GRACE - Moi c'est Grâce!

DELPHINE - Grâce! Quel joli prénom! *(Pour elle, narquoise.)* Et si bien porté!

GRACE - Si ça ne vous dérange pas, je souhaiterais m'étendre! Ce long voyage m'a fatiguée!

DELPHINE - Mais certainement! Je vais vous montrer votre chambre!... Tenez! Prenez celle-ci! Elle est d'un bleu… magnifique!

GRACE - C'est vrai?... j'aime beaucoup le bleu! Il représente le repos intérieur absolu et le calme des profondeurs de l'océan!

RICHARD *(à Delphine)* - Ah! Tu vois!

DELPHINE *(haussant les épaules)* - Tu veux que je lui parle du décapité?

GRACE *(mystérieuse)* - A tout à l'heure, Monsieur! Vous avez un bien beau château! En revanche, tous ces vieux murs génèrent de formidables ondes!... Pour moi, les pierres sont comme les gentils grands-pères, elles ont plein de souvenirs en elles et elles vous les transmettent généreusement! *(Elle s'approche de la porte de la chambre bleue.)* Je sens par contre des ondes négatives! J'en mettrais ma tête à couper!

DELPHINE *(à Richard)* - Elle doit sentir le décapité!

RICHARD - Oh! Chut!

GRACE *(à Richard)* - Faites attention à vous! De mauvais esprits tournent autour de vous!... Je sais qu'on a du mal à y croire mais ça existe!... il faut y croire!

GEOFFROY *(entrant avec un coquart sur l'œil droit)* - C'est absolument incroyable! Moi, Geoffroy Rohan du Gommier, me prendre pour un vulgaire gâte-sauce! Si je tenais le propriétaire de ce foutu château, il passerait un sale quart d'heure, c'est moi qui vous le dis! *(A Richard.)* Bonjour, Monsieur! Vous aussi vous venez pour une location?... Qu'est-ce qu'ils vous ont fait faire à vous, cirer le parquet?

RICHARD - Non! Moi je suis le...

GRACE - Ecoute Geoffroy, tout est arrangé! Il s'agit d'une lamentable méprise!... Je t'expliquerai!

GEOFFROY - Tout est arrangé!... et mon œil, il est arrangé, lui?

GRACE *(s'approchant de Geoffroy)* - Il est vrai qu'ils t'ont salement arrangé!

GEOFFROY *(se plaignant)* - Non! N'y touche pas! Je souffre excessivement!... *(Devenant à nouveau véhément.)* Enfin, me taper comme ça, vous parlez d'un accueil!... Ça fait désordre, Monsieur!

RICHARD - Hein?... oui! Je vais donner des ordres, Monsieur!

GEOFFROY - Ah! Que je souffre!... que je souffre!

GRACE - Ce n'est rien! Oublions!

GEOFFROY - Oublions! Oublions!... mais je ne peux pas oublier! Parce que, ce que tu ne sais pas, c'est que ne parlant pas un traître mot d'écossais, je ne pouvais rien lui expliquer à cette brute épaisse de cuisinier et il m'a donné quatre à cinq coups de pieds au cul! *(Montrant son derrière aux autres.)* Regardez!

RICHARD - Je suis navré, Monsieur! La prochaine fois, je lui dirai de frapper moins fort!

GEOFFROY - Mais j'espère qu'il n'y aura pas de prochaine fois car je ne voudrais pas insister bêtement mais...

DELPHINE *(criant)* - Votre femme vous a dit que tout était arrangé, alors n'insistez pas... bêtement!

GEOFFROY *(vexé)* - Bien!... puisque tout est arrangé, alors!

WILLIAM *(revenant)* - Voilà! Tout est arrangé! Le chef-cuisinier regrette d'avoir tapé si fort! Le pauvre, il s'est fait mal à la main!... Pour se faire pardonner, il va mettre ce soir les petits plats dans les grands!... Bien! Personne n'a soif, je suppose?

RICHARD - Si! Volontiers! Il paraît que vous avez les meilleurs whiskies du monde!

WILLIAM - Monsieur, le whisky est à l'Ecosse ce que la baguette de pain est à la France! *(Il sert un verre à tout le monde.)*

GRACE - Et les histoires de fantômes?... sont-elles toujours d'actualité?

WILLIAM - Oh! Madame, il n'y a que les Ecossais qui croient encore aux fantômes! Tout ça fait partie du folklore!... quoique!

GEOFFROY - Que veut dire ce quoique? Ne me dites pas que vous aussi vous croyez à ces sottises?

WILLIAM - Souffrez, Monsieur que je vous explique!

GEOFFROY - *(parlant de son œil)* Mais je souffre, Monsieur, je souffre!

WILLIAM - Certains soirs, les portes claquent mystérieusement!

GEOFFROY - Foutaise!

(On entend un bruit de porte qui claque. Réaction de tout le monde.)

WILLIAM - Vous disiez, Monsieur?

GEOFFROY - Moi?... rien!

WILLIAM - Certains soirs, disais-je, on entend des pas au-dessus de nos têtes, des rires terrifiants sans qu'on sache vraiment d'où ils viennent!... Tenez! Une nuit alors que tout était tranquille dans le château, j'ai entendu très distinctement une voix!... une voix qui nous a tous fait froid dans le dos!... une voix qui disait...

GLADYS - *(entrant hall d'accueil, tout de noir vêtue et pleurnichant)* Bonsoir tout le monde! *(Et tout le monde sursaute.)*

WILLIAM *(machinalement)* - Mais non, Madame, laissez-moi terminer!

RICHARD - C'est toi, ma tan...

31

WILLIAM *(lui donnant un coup pour l'empêcher de continuer)* - Vous ici, Madame?… mais que faites-vous là?

GLADYS *(même jeu)* - Je vous expliquerai mon petit William, c'est terrible! Je souffre!

GEOFFROY *(s'approchant de Gladys)* - Vous aussi, vous avez mal?

GLADYS - Oh! Oui, Monsieur!… très mal! *(Elle prend la main de Geoffroy.)*

DELPHINE - Qui est-ce?

GRACE - Vous le voyez bien, c'est un esprit!

(Geoffroy retire sa main et s'écarte, peu rassuré.)

WILLIAM - Non, malheureusement! Madame a beaucoup d'esprit mais pas au point d'être un fantôme!

GEOFFROY - Mais enfin qui est-ce?… j'ai déjà entendu cette voix-là quelque part!

DELPHINE *(à Gladys)* - Je ne sais pas qui vous êtes, Madame, mais sachez que vous êtes la bienvenue dans notre château!

GLADYS *(qui s'arrête net de pleurer)* - Comment ça « notre » château?… Ça c'est la meilleure! Enfin William, présentez-moi!

WILLIAM - Oui!… non!… si!… rien de plus facile!… c'est… c'est… c'est Gladys, la bonne!

GLADYS - Comment ça, la bonne?… Ah! Elle est bonne celle-là!

RIDEAU

ACTE II

L'action débute le samedi soir après... le dîner. Il pleut toujours. Les convives finissent leur repas. Seuls William et Gladys sont dans le petit salon. Gladys porte une tenue de femme de chambre. Elle pose des verres dans un plateau pour les emporter.

WILLIAM - Ecoutez, Madame, j'endosse l'entière responsabilité de tous nos problèmes !

GLADYS - Et moi, je suis obligée d'endosser le vêtement de ma femme de chambre ! C'est trop fort ! *(Se regardant.)*

WILLIAM - Cela dit, si je peux me permettre, Madame porte très bien le costume de femme de chambre !

GLADYS - Merci, William !... Seulement, à mon âge, je ressemble davantage à un corbeau invité à un bal masqué qu'à une femme de chambre ! *(Elle soulève le plateau rempli de verres.)*

WILLIAM *(lui prenant le plateau des mains)* - Tout cela est ma faute, Madame !... Je vais devoir vous présenter ma démission et prendre la porte !

GLADYS - Ah ! Non ! *(Elle lui reprend le plateau.)* Ce n'est pas le moment ! Si vous prenez la porte, vous êtes viré, William !

WILLIAM - Bien, Madame !... alors à défaut de la porte, puis-je prendre le plateau ?

GLADYS - Pourquoi ? C'est moi la femme de chambre ici !... je fais mon service !

WILLIAM *(reprenant le plateau)* - Oui mais c'est justement pour votre service que j'ai des craintes !... il a coûté fort cher !

GLADYS - C'est juste !

WILLIAM *(posant le plateau sur le petit meuble)* **-** Ah! Une dernière chose! Puis-je savoir pourquoi Madame n'est pas partie à Venise?

GLADYS - C'est à cause de Bobby!

WILLIAM - Pourquoi? Il n'a pas voulu prendre l'avion?

GLADYS - Si! Il l'a pris!… *(Pleurnichant soudain.)* Mais avec une autre!

WILLIAM *(souriant)* **-** Une plus jeune, je suppose!… il faut dire que trois mois, c'est peu pour bien se connaître!

GLADYS - Ah? Vous trouvez?… Moi qui prenais tant soin de lui! Parfois je me sentais pour lui comme…

WILLIAM *(pour lui)* **-** Comme sa grand-mère!

GLADYS - Si vous m'aviez vue!… je me suis retrouvée à l'aéroport au milieu du grand hall, avec ma toute petite valise!… au risque de me la faire voler!

WILLIAM - Petite?… pas de danger qu'on vous la vole!

GLADYS - Je me suis retrouvée seule, abandonnée comme une vieille bouteille de whisky au fond d'un placard du Titanic!

WILLIAM - Du Titanic?… du whisky hors d'âge, alors!

GLADYS - En parlant de whisky, vous avez vu tout ce qu'ils boivent et mangent à côté!… Décidément, les Français ne pensent qu'à râler ou à manger!

WILLIAM - Ils exagèrent, c'est sûr!

GLADYS - Et vous avez remarqué le sans-gêne de ces gens-là! Si on leur propose de la nourriture une seconde fois… ils en reprennent!

WILLIAM - Oh! Quels mal élevés!

GLADYS - Heureusement, j'ai forcé sur le prix de la location du couple français, ça va équilibrer toutes ces dépenses imprévues!… Car si l'on compte la nourriture, l'électricité…

WILLIAM - Ah! Evidemment, si on compte!

GLADYS - Et non seulement, ça va équilibrer mais ça va dépasser! Je pourrai ainsi commencer les travaux d'électricité!… Et s'il en reste, ce sera pour vous, mon petit William!

34

WILLIAM *(peu convaincu)* - Oui, enfin… s'il en reste !

GLADYS - Quand je pense que Lady Maccormick fait des ristournes à ses locataires, ça ne m'étonne pas qu'elle soit fauchée ! Elle a le même prénom que moi, mais ici, chez les Mackintosh, pas de ristournes ! Il ne manquerait plus que ça !… N'est-ce pas, William ?

WILLIAM *(décontenancé et s'asseyant)* - Oh ! La ! La !… il ne manquerait plus que ça !

GLADYS - Ce que je ne m'explique pas, c'est pourquoi ce diable de chef-cuisinier a fait autant a manger ce soir !… C'est drôle, on a l'impression qu'il a quelque chose à se faire pardonner !… Je lui en toucherai deux mots demain matin !

WILLIAM - Bien, Madame ! *(Se relevant d'un bond.)* Non, surtout pas ! Inutile de le tracasser, il est soucieux en ce moment !… *(Cherchant.)* Sa maman est gravement malade !

GLADYS - Ah ! Bon ? Qu'est-ce qu'elle a ?

WILLIAM - Elle est devenue dépensière ! Elle dilapide son argent à tort et à travers !

GLADYS - Ah ! Mon Dieu ! Quelle horreur !

WILLIAM - Alors forcément, ça le tracasse !… et pour oublier tout ça, il fait de la cuisine !

GLADYS - Si j'ai bien compris, c'est parce que la mère dilapide son argent que le fils dilapide le mien !… Eh ! bien, j'espère qu'elle va guérir rapidement ou se décider à mourir sinon elle va me ruiner, celle-là !…

(Entrée de Richard en kilt.)

Ah ! Te voilà, mon neveu !

(William regarde le costume de Richard. Celui-ci, gêné, observe ses jambes.)

RICHARD - Quelque chose ne va pas, William ?

WILLIAM - Comme Monsieur était assis tout à l'heure, je n'avais pas remarqué…

RICHARD - Que je portais un kilt ?

WILLIAM - Non ! Que Monsieur avait autant de poils !

RICHARD - Ma tante, je voudrais te parler !

GLADYS - Je t'écoute ! *(Richard regarde William qui n'a pas l'air décidé de s'en aller.)* Laissez-nous, William ! Nous avons à parler en famille !

WILLIAM - Bien, Madame ! *(Puis plus bas.)* Vous me raconterez !

GLADYS - Promis !

(William sort, hall d'accueil.)

Enfin, regarde dans quel état tu t'es mis !

RICHARD - Tu dis ça à cause de mon costume ?

GLADYS - Non ! Je dis ça à cause du mien !… Ceci dit, William a raison ! Ce que tu peux être poilu !

RICHARD *(la tête basse)* **-** Oh ! Ma tante, je suis confus !

GLADYS - Pour tes poils ?

RICHARD - Non ! Pour tous les problèmes que je t'occasionne !

GLADYS - J'espère bien que tu es confus !… Qu'est-ce que c'est que tous ces mensonges ?

RICHARD - Je me suis découvert une passion pour Delphine et je ne sais plus quoi faire !

GLADYS - Oh ! Alors méfiance ! L'Amour est constructif mais la passion est destructrice !

RICHARD *(tripotant son kilt)* **-** Dès que je l'ai vue, je suis resté coi !

GLADYS - Quoi ?

RICHARD - Je ne peux pas tout lui avouer maintenant ! J'ai trop peur qu'elle me kilt… qu'elle me quitte !

GLADYS - Parce que tu trouves que c'est mieux de continuer à lui mentir ?

RICHARD - Non, bien sûr ! Mais il me semble que si je réussis à écrire ce livre, si je suis édité, si je lui montre de quoi je suis capable !

GLADYS - Oh ! Avec des « si », on pourrait mettre Glasgow en bouteille !

(William revient discrètement, un plumeau à la main et fera semblant d'épousseter la bibliothèque.)

Et tu la connais depuis longtemps ?

RICHARD - A peu près trois mois ! Pourquoi ?

GLADYS - Trois mois ? … Je le disais à William il n'y a pas cinq minutes : trois mois, c'est peu pour bien se connaître ! Et il ne voulait pas me croire !

(Réaction de William.)

RICHARD - En tous cas, je te remercie, ma tante de te faire passer pour la bonne dans ton propre château !

GLADYS - Ah ! C'est sûr ! Si mon Edward me voyait ! Lui qui tenait tant à ce que je ressemble à une princesse ! Aujourd'hui, je ressemble plutôt à Cendrillon !… Alors comme ça, tu écris !

RICHARD - Oui ! Enfin, j'essaie !… J'ai écrit : *« Le Gris et le Noir »* qui est un roman d'Amour et…

GLADYS - Un roman d'Amour ?… Tu crois que l'Amour intéresse encore le lecteur d'aujourd'hui ?

RICHARD - Bien sûr ! Le lecteur a besoin de trouver dans les romans l'Amour qu'il a du mal à trouver dans la vie ! Il espère à chaque rage découvrir la sensation qu'il cherche depuis toujours ! Tu sais, ma tante, malgré les technologies nouvelles, l'être humain est resté un grand enfant ! Il joue, il se bat, il aime !

GLADYS - Si j'ai bien compris, pour découvrir l'Amour, il faut être à la page !

RICHARD - Puis j'ai écrit : *« La tragédie inhumaine »* qui est une sorte de grande fresque de la société actuelle !

(William finit les verres restés sur le meuble, en cachette des deux autres.)

GLADYS - Apparemment, tes romans n'ont pas l'air d'être très gais ! Pendant que tu y es et dans le même genre, tu pourrais raconter l'histoire d'une Lady écossaise obligée de se déguiser en femme de chambre !

RICHARD - Ne t'inquiète pas, ma tante ! Nous ne resterons pas longtemps !… Delphine a des rendez-vous qu'elle ne doit manquer sous aucun prétexte, paraît-il !

DELPHINE *(venant pan coupé jardin)* - Ah! Tu es là! *(Elle regarde son kilt.)* Tiens! C'est curieux!

WILLIAM - Ah! Enfin, Monsieur le reconnaît!

DELPHINE - Non, ce n'est pas ça! Je n'avais pas vu que tu avais d'aussi gros mollets!

RICHARD *(essayant de se cacher les jambes avec son kilt)* - Ah?... tu trouves?

DELPHINE - Oui! C'est peut-être le costume qui donne cette impression!... Mais au fait, tu n'es pas en train d'écrire?

RICHARD - J'expliquais à ma tan... *(Coup de coude de William.)* ... à ma tante aimée Gladys et à William ce que racontent mes romans! Je leur parlais de *« La tragédie inhumaine »*!

DELPHINE - Ah! Oui! L'histoire où un pauvre garçon se fait avoir par une femme dont il est éperdument amoureux! J'aime bien cette histoire!

GLADYS - Ce sont souvent les braves garçons, comme vous dites, qui se laissent prendre!

DELPHINE - Ce sont les plus faibles qui se laissent prendre et c'est normal! La race humaine suit les mêmes règles que celle des animaux : ce sont les plus forts qui subsistent! Il n'y a pas de place pour les incapables ni pour les mous!

RICHARD - C'est vrai, ma chérie!

WILLIAM - Voilà également un bon sujet pour vous, Monsieur! Etre un loup ou un mouton!... Paître ou ne pas paître? Là est la question!

RICHARD - Mon prochain roman va s'intituler : *« Notre-Dame de Chartres »*... c'est l'histoire d'une jeune femme qui est orpheline et laide, mais vraiment très laide! Elle est de surcroît bossue et tout le monde se moque d'elle parce qu'elle est différente des autres! Elle a été recueillie par une bonne sœur! Malheureusement pour elle, elle va tomber amoureuse d'un bohémien qui chante et danse dans les rues accompagné d'un mouton!

GLADYS - Un bohémien accompagné d'un mouton?... Tu es sûr que l'idée n'a pas déjà été exploitée?

RICHARD - Je ne crois pas!

WILLIAM - Quelqu'un désire-t-il un digestif ? En Ecosse, nous avons l'habitude de boire un porto après le repas !

GLADYS *(pour elle)* - Qu'est-ce qui lui prend ? Lui aussi veut me ruiner ?

DELPHINE - Non, merci ! Je ne pourrais plus rien avaler ! Cette infâme bouillie de tripaille m'a donné la nausée !

RICHARD - Ah ! Tu n'aimes pas le haggis ?

DELPHINE - Comment peut-on manger ça ?... Je ne sais pas ce qu'il y a là dedans mais rien que d'y repenser, j'en ai la chair de poule !

WILLIAM - Oh ! C'est simple, Madame ! C'est de la panse de brebis farcie avec le cœur, le foie, la rate et les poumons de l'animal !

DELPHINE *(le cœur au bord des lèvres)* - Oh ! Arrêtez, vous me soulevez le cœur !

GLADYS *(avec un air malicieux)* - C'est très bon, vous savez !... Moi j'aime surtout quand il y a du poumon parce que les petits bouts de chair...

RICHARD - Je t'en prie, épargne-nous les détails !

DELPHINE - Mais dis-moi, tu tutoies la bonne ?

RICHARD - Non ! Enfin si !... enfin presque pas !

WILLIAM - Oh ! Il peut la tutoyer, vous savez ! Elle était sa nurse quand il était tout petit !... N'est-ce pas, Monsieur ?

RICHARD - Oui, c'est ça !... Tant et si bien que je finissais par l'appeler : « Ma tante »!... N'est-ce pas... ma tante ? *(Il se sert un whisky.)*

GLADYS - Un peu, mon neveu !... Dites, où sont les autres convives ?

DELPHINE - Ils finissent de dîner !... Quand je pense à la pauvre femme qui était en face de moi, elle n'est pas gâtée par la nature ! Et pourtant, malgré sa laideur, elle semble intelligente !

GLADYS *(en regardant Delphine)* - Il est vrai, ma foi, que ce n'est pas toujours proportionnel !

DELPHINE - Par contre, il faudra changer de cuisinier... si nous restons là !

WILLIAM - Lui aussi ?

RICHARD - Oui mais nous n'allons pas rester longtemps puisque tu as tes rendez-vous !

DELPHINE - Mes rendez-vous, c'est vrai ! J'ai oublié de te dire que je les avais décalés d'un mois !

(Richard s'étrangle en buvant.)

Comme ça, nous aurons tout le temps !… Ce n'est pas que je me plaise ici mais c'est mieux pour ton roman ! Le calme, les fantômes, les ruines !

GLADYS *(pour elle)* **-** Une ruine, mon château !… C'est ma santé qu'elle va ruiner si elle continue !

DELPHINE - Je ne voudrais pas te faire des reproches sur ton château, seulement il y a beaucoup de travaux à faire !… Mais j'ai ma petite idée là-dessus ! Je t'en reparlerai ! *(A Gladys.)* Ah ! Ma fille ! Vous penserez à faire le ménage demain matin !… La chambre laisse un peu à désirer ! *(Elle ouvre la porte de la chambre de Gladys.)* Et ne restez pas plantée comme une sotte !… Allez ! Au travail !

GLADYS *(pour elle)* **-** Oh ! Quel culot ! *(A Delphine.)* Mais… où allez-vous comme ça ?

DELPHINE - Je vais dans notre chambre, bien sûr !

GLADYS - Comment ça, votre chambre ?… Ah ! Mais non !

DELPHINE - Et pourquoi, non ?

RICHARD - Delphine, laissons Gladys et William ! Je suis certain qu'ils ont des tas de choses à se dire !… A tout à l'heure !

(Ils entrent dans la chambre.)

GLADYS - Vous n'allez pas me dire qu'ils vont coucher dans ma chambre ?

WILLIAM - J'ai bien peur que si !

GLADYS - Alors ça, c'est un comble !… Décidément, cette journée ne me réserve que des mauvaises surprises !

(A ce moment, entrée timide de Grâce.)

Mon Bobby qui m'abandonne comme une vieille chaussette écossaise, Richard qui écrit des histoires de bohémien qui tombe amoureux d'une orpheline ! Et d'une orpheline laide, en plus !

40

(William toussote.)

Pourquoi laide ? Il y en a assez de belles sans pour ça chercher des laides ! Allons !

(William toussote de plus en plus fort.)

C'est quand même plus gai de prendre une femme qui a ses parents et qui… *(Elle aperçoit Grâce.)* … et qui est intelligente, qui s'intéresse à tout et qui aime la littérature !… Bonjour Madame ! Je ne vous avais pas vue entrer !

GRACE - Vous parliez de Richard ?… enfin de Monsieur Leblanc ?

GLADYS - Oui ! Disons, de ses romans !

GRACE - C'est vrai qu'il écrit des romans ! Votre patron a décidément beaucoup de qualités !

GLADYS - Mon patron ? Quel patron ?

WILLIAM - Mais si ! Gladys ! Notre patron !

GLADYS - Ah ! Oui !

GRACE - Il est en tous cas très agréable ! Et très instruit !

GLADYS - Il paraît qu'il tient de sa tante !

GRACE - Quel dommage que Geoffroy ait tout gâché avec ses pitreries !… De toutes façons, il gâche toujours tout, alors !

WILLIAM - Si vous avez besoin de quoi que ce soit, n'hésitez pas à me le demander !

GRACE - J'aimerais si possible vous emprunter un ou deux livres ! Vous avez dans cette bibliothèque des richesses que je voudrais lire !

GLADYS - Oh ! Des richesses, c'est beaucoup dire !… Vous aimez la littérature ?

GRACE - Oh ! Beaucoup ! La littérature a toujours été pour moi un excellent moyen d'évasion ! Une évasion et une source de connaissances inépuisable ! Et puis, quand on lit, on oublie !… Toute petite, je lisais déjà toute la journée ! Je dois cette passion à mon père !

GLADYS - A votre père ? C'est lui qui vous a appris à lire ?

GRACE - Non! il m'a appris ce qu'est un livre, à le regarder, à le toucher, à le sentir pour s'imprégner des premières impressions avant même de l'avoir ouvert!... Vous savez, j'étais une petite fille pas très belle et plus tard, je suis devenue une jeune femme plutôt laide!

GLADYS - Il ne faut rien exagérer! N'est-ce pas, William?

WILLIAM *(bien ennuyé pour répondre)* **-** Euh!... certes!

GRACE - J'étais loin de ressembler à un mannequin et j'étais de surcroît myope comme une taupe!

GLADYS - En somme, vous étiez une sorte de « taupe modèle »!

(Mouvement de désapprobation de William.)

GRACE - Je me souviens qu'à l'école, les autres enfants ne voulaient pas jouer avec moi à la récréation! Ils m'appelaient « Quasimodo »! C'est dans ces moments-là que les livres vous sont d'un grand secours!... Mais je ne sais pas pourquoi je vous raconte tout ça!

WILLIAM - Ça fait du bien de se confier de temps à autres!

GRACE - Sans doute!

WILLIAM - Et puis, vous savez, la beauté, c'est très subjectif!

GRACE - Soyez gentil! Ne me faites pas le coup de la beauté intérieure!... on me l'a trop souvent fait!

WILLIAM - Non! Ce n'est pas ce que je voulais dire! Parfois un petit changement suffit à transformer un visage et le rendre agréable à regarder!... Et n'oubliez jamais que les problèmes sont comme les icebergs, on n'en voit souvent qu'une toute petite partie!

GRACE - Vous avez sans doute raison!... Merci de me donner un peu d'espoir!... Bonne nuit! *(Et elle entre dans la chambre bleue.)*

WILLIAM - Pauvre femme!... elle a l'air de souffrir de sa laideur!

GLADYS - Eh! Oui! Il faut souffrir aussi pour être laid!...

(William s'est assis confortablement sur un des fauteuils. On sonne à la porte d'entrée. Gladys et William se regardent étonnés.)

WILLIAM *(lui donnant l'ordre d'aller ouvrir)* **-** Madame, on a sonné!

GLADYS - Oui, j'ai entendu ! Je ne suis pas sourde !

WILLIAM - Vous attendiez quelqu'un, Madame ?

GLADYS - Au prix que ça coûte ? Vous n'y pensez pas !… Et vous, William ?

WILLIAM - Moi non plus ! *(Se souvenant de son rendez-vous galant et pour lui.)* Oh ! My God !… Miss Jane !… je l'avais oubliée avec tout ça ! *(On sonne à nouveau des coups répétés.)* Je vais lui dire de repartir ! Ah ! La barbe, j'arrive !

GLADYS - Si c'est un raseur, ne lui ouvrez pas ! Pour aujourd'hui, j'ai mon compte ! *(Elle se dirige vers sa chambre et se ravise.)* Au fait, William, pouvez-vous me dire où a été transférée ma chambre ?

WILLIAM - Ecoutez, Madame ! Je vais tout vous expliquer !

GLADYS - Inutile ! Vous avez assez fait de dégâts comme ça !… Alors dans quelle chambre m'avez-vous mise ?… L'important, c'est que ce ne soit pas la rose !… Ce n'est pas la rose, j'espère !

WILLIAM *(timidement)* - Si, Madame !

GLADYS - Mais enfin, c'est la chambre de la bonne !

WILLIAM - Habillée comme vous l'êtes, ça ne jure pas tellement !

GLADYS - Ça ne jure pas ! Ça ne jure pas !… je sens que c'est moi qui vais jurer tout à l'heure ! *(Et elle entre dans la chambre rose.)*

WILLIAM - Si ça continue, je vais réussir à me faire mettre à la porte ! *(Entendant un nouveau coup de sonnerie.)* Oh ! La porte ! *(Et il sort, hall d'entrée.)*

RICHARD *(entrant)* - Il faut que je trouve le courage de tout avouer à Delphine !… Pourquoi faut-il qu'on se sente obligé de mentir aux personnes que l'on aime pour être sûr de garder leur confiance ? *(Décidé.)* Non ! Le mensonge n'est pas la solution ! Il faut réagir !… Les femmes aiment les hommes qui prennent des décisions et méprisent les autres ! Alors ne baissons pas la tête, et osons affronter la vérité en face !… Mais avant, je vais prendre un petit remontant ! *(Il prend une bouteille de Whisky et se sert.)* Il est bon !… In Whisky veritas !… *(Il boit.)* Ça y est, je sens que ça va mieux ! Je vais tout lui dire à Delphine !… ah ! Ah ! Elle ne me fait pas peur !… Et tant pis si elle le prend mal ! Je m'en fous ! Non ! Mais !… Je lui avoue tout ce soir ! *(Soudain plus timide.)* Ou plutôt… demain soir ! *(Il sirote rêveur.)*

43

WILLIAM *(arrivant en trombe)* - Ah! Monsieur! C'est affreux!

RICHARD - Que se passe-t-il, William? Quelque chose de grave?

WILLIAM - Epouvantable! *(Il prend le verre de Richard et le vide d'un trait.)* Ah! Ça va mieux! *(Il lui rend son verre.)*

RICHARD *(observant son verre)* - Mais enfin, qu'avez-vous?

WILLIAM - Eh! bien, voilà!… Croyant que Madame allait partir en voyage pendant quinze jours, je m'étais permis de dire à ma petite amie de venir passer quelques jours au château!… Elle est infirmière à l'hôpital de Glasgow!… Seulement, maintenant que Madame est là, ce n'est plus possible! Et Madame m'a toujours recommandé de ne jamais amener des maîtresses au château!

RICHARD - Vous avez fait des cachotteries à ma tante!… Oh! Ce n'est pas bien ça!… Mais n'ayez crainte, l'ouverture d'esprit des Français est mondialement reconnue!

WILLIAM - Oh! My God! Je suis comme un fantôme tombé dans le goudron, je suis dans de beaux draps!

RICHARD - Dites à votre amie de revenir une autre fois! Voilà tout!

WILLIAM - C'est un peu tard! *(On sonne à nouveau.)* Oh! Vite, Monsieur! Il faut que je trouve un mensonge pour arranger tout ça! Vous qui savez si bien mentir, vous ne pourriez pas me trouver quelque chose?

RICHARD - Je vous en prie!

WILLIAM - Ça y est! J'ai trouvé! Vous n'avez qu'à dire à votre tante que c'est une de vos anciennes amies écossaises et que vous lui avez dit de passer sachant que vous alliez venir au château!… Ça tient debout ça, non?

RICHARD - Impossible!… Et Delphine?

WILLIAM - Ce n'est pas grave! Je lui dirai qu'elle est mon infirmière!… Alors, c'est oui?

RICHARD - Je ne sais pas! Tout ça est tellement risqué!… je vais réfléchir à votre problème! *(Il entre dans la chambre de Gladys.)*

(William court vers le hall d'accueil et revient avec Jane dont il a du mal à freiner les ardeurs. C'est une jeune femme pétillante, plutôt sexy et très expansive.)

JANE - Oh! My Darling! *(Elle l'embrasse.)* Mon gros nounours! Deux semaines tous les deux! Ça va être terrific!

WILLIAM *(la repoussant gentiment)* - Ça pour être terrific, ça risque d'être terrific!

JANE - Oh! Darling! J'ai une grosse envie de faire tic tic avec toi, tout de suite!

WILLIAM - Ah! Non! Pas tic tic maintenant!

JANE *(l'entraînant vers la chambre rose)* - Pourquoi?... Ici, on sera tranquille!

WILLIAM - Non! Pas la chambre rose!

JANE - Pourquoi? Tu ne veux pas voir la vie en rose avec ta petite Jane?

WILLIAM - Si! Si! Mais...

JANE - OK! Alors celle-là! *(Elle se dirige vers la chambre de Gladys.)*

WILLIAM - Surtout pas celle-là, elle est réservée!... Ecoutez, Miss Jane, pour l'instant, c'est impossible!

JANE - Impossible n'est pas écossais! *(Elle le pousse sur un fauteuil.)* Puisqu'il n'y a plus de chambre, on fait tic tic ici! *(Elle saute dessus et commence à s'occuper de son nœud papillon.)*

WILLIAM *(essayant de se dégager)* - Attendez Miss Jane! Un peu de tact!... Et si Madame arrive, je suis perdu!

JANE - Mais en ce moment, elle se gave de pizzas et de valpolicella, ta Lady!

WILLIAM - Mais non! Justement!... Madame n'est pas partie en voyage à Venise et elle m'a toujours interdit d'amener des petites amies au château!

JANE - Des petites amies, c'est normal! Mais moi je suis grande amie!

WILLIAM - Enfin, si elle nous surprend, je serai mis à la porte!

JANE *(déçue)* - Ah! Bon?... Alors pas de tic tic?

WILLIAM - Pour le tic tic, on verra plus tard!

JANE - Tu lui dis que je suis ton sœur!

WILLIAM - Non! Ma sœur!

JANE - Masseur? Mais je ne suis pas masseur, je suis infirmière, tu le sais!

WILLIAM - Non! En français, on ne dit pas « mon » sœur mais « ma » sœur!

JANE *(boudeuse)* **-** J'essaie de parler française et tu te moques de moi!

WILLIAM - Mais non! C'est très bien!… Par contre, je ne peux pas vous faire passer pour ma sœur parce que Madame sait très bien que je suis orphelin et que je n'ai jamais connu ma famille!

JANE - Oh! Mon pauvre gros nounours!… Je dois peut-être revenir une autre jour?

WILLIAM - Non! J'ai une bien meilleure idée! On va dire à Madame que vous êtes une ancienne petite amie de son neveu et qu'il vous a prévenue de son arrivée au château! Vous ne le connaissez pas mais vous verrez, il est charmant!…

JANE - C'est vrai!

WILLIAM - Beau!… gentil!

JANE - C'est vrai aussi!… Et la vieille tante, elle ne l'a jamais apprise!

WILLIAM *(s'arrêtant net)* **-** Pourquoi dites-vous ça?… vous connaissez Madame?

JANE - Non! Je ne l'ai jamais vue! Richard ne voulait pas que je vienne au château à cause de son autre femme!

WILLIAM - Richard?… vous connaissez Richard?

JANE - Oui! Tu le connais bien, toi!

WILLIAM - Non! Ce n'est pas possible, je rêve! *(Il tape à la porte de la chambre de Gladys.)* Monsieur?… Monsieur? Pouvez-vous venir une minute, je vous prie?

RICHARD *(entrant)* **-** Non, William, j'ai bien réfléchi et c'est imposi… Jane! *(Il aperçoit Jane et reste médusé. Elle le voit, pousse un cri de joie et fonce dans ses bras.)*

JANE - Oh! Richard, my Love!

RICHARD - Oh! Jane! Si je m'attendais!

JANE - C'est fantastic de se revoir, my sweet Richard!… *(Regardant le kilt.)* Oh! Mais tu as mis le beau costume des cérémonies!… Dis! Tu le portes à la française ou à l'écossaise?

RICHARD - Il y a une différence?

46

JANE - Oui ! Les Français mettent un slip en dessous ! Et toi ? Fais voir ?

RICHARD *(se tenant le kilt pour ne pas qu'elle regarde)* **-** Enfin ! Jane ! Un peu de tenue !

JANE - Elle est très bien ta tenue !… Alors à l'écossaise ou à la française ?… Fais voir !

WILLIAM - Dites ! Je ne vous dérange pas, au moins !

JANE - Non ! Pas du tout !

RICHARD - Alors, toujours infirmière ?

JANE - Yes ! Et maintenant je sais faire les piqûres sans faire les gros bleus dans les fesses !

RICHARD - Et ton français s'est considérablement amélioré !

JANE - C'est à cause de William ! Il m'a appris à bien manipuler la langue !

WILLIAM - Miss Jane, c'est gênant !… *(Il s'intercale entre les deux.)* Si j'ai bien compris, vous vous connaissez ?

JANE - Yes ! On se connaît depuis cinq années !

RICHARD - Vous vous souvenez, William, lorsque je suis venu au château il y a cinq ans et que je ne rentrais pas de bonne heure !

JANE - On faisait tic tic tous les jours !… Ça me fait beaucoup plaisir de te voir !… Je peux encore t'embrasser ?

RICHARD - Mais volontiers !

(William est entre les deux. Richard est stoppé dans son élan.)

Vous ne voudriez pas regarder ailleurs, William ?

WILLIAM - Mais certainement, Monsieur !

JANE - Ne t'inquiète pas, mon gros nounours, c'est simplement en amis !

WILLIAM - Ah ! Alors, si c'est en amis !

(Ils s'enlacent lorsque Delphine entre.)

DELPHINE - Mais qu'est-ce que…

WILLIAM *(s'intercalant entre Delphine et le couple)* **-** Ce n'est rien, Madame! A première vue, on pourrait croire qu'ils s'enlacent mais pas du tout! *(Il donne des coups à Richard.)* Jane est mon infirmière et elle a tapé dans l'œil de Monsieur!

DELPHINE - Comment?

WILLIAM - Non je veux dire que Monsieur a quelque chose qui lui a tapé dans l'œil!

DELPHINE - Je vois ça!

RICHARD *(quittant les bras de Jane et se frottant l'œil vigoureusement)* **-** Oh! Delphine, ne va pas t'imaginer des choses! Les apparences sont trompeuses, tu sais.

DELPHINE - Trompeuses, c'est le mot qui convient, en effet!

RICHARD - Tu es arrivé au moment où l'on frottait!

DELPHINE - Ah! Vous frottiez?

WILLIAM - Monsieur veut dire qu'elle le frottait à l'œil! *(Se reprenant.)* Qu'elle lui frottait l'œil!

DELPHINE - Si tu as quelque chose à l'œil, en tous cas, moi, je ne suis pas aveugle!… Qui est cette fille?

JANE *(à Richard)* **-** C'est qui le dragon qui crache des flammes?

RICHARD - C'est mon amie!

JANE - Ah! C'est ton femme!

RICHARD - Oui!

JANE - Je préférais l'autre avant!… Laisse faire Jane! *(A Delphine.)* Bonjour Madame! Mon nom est Jane Maclaurin! Je suis une amie de la famille des Mackintosh et je suis infirmière à Glasgow!

WILLIAM *(pour lui)* **-** Et gaffeuse aussi!… *(A Jane.)* Bon! Miss Jane, il serait peut-être temps de…

JANE - Attends! Je veux expliquer! *(A Delphine.)* Je viens donner une visite à mes amis et c'est tout!

DELPHINE - Une visite à onze heures du soir!

48

JANE - Yes ! Pour nous les Ecossais, c'est normal !… On vit beaucoup la nuit ! On se couche très tard !… Tu ne dois pas être jalouseuse ! Il n'y a plus rien du tout entre Richard et moi !… N'est-ce pas, mon Amour ?

RICHARD - Oui ! Ma chérie !… Euh ! Oui, Miss Jane !

WILLIAM - Miss Jane ! Il est temps de…

DELPHINE - Parce qu'il y a eu quelque chose entre vous deux ?

JANE - Non ! On a juste couché ensemble il y a longtemps !… N'est-ce pas, my Love ?

(Richard s'étrangle.)

WILLIAM - *(pour lui)* Qu'est-ce que je disais !

JANE *(détaillant le visage de Delphine)* - Oh ! Mais toi aussi tu as quelque chose dans ton œil ! Il est tout jaune !… Je pense que tu as une attaque de foie !

WILLIAM - Elle veut dire une crise de foie !

DELPHINE - Une crise de foie ? Ce ne serait pas étonnant avec toutes les cochonneries que l'on mange ici !

JANE - Fais attention, c'est grave ! Il faut te reposer sinon tu vas tomber dans les poires !

RICHARD - Dans les pommes, ma chérie !… *(Se reprenant vivement.)* Euh ! Miss Jane !

DELPHINE - Ah ? Dans les pommes ?… Moi j'ai plutôt l'impression que c'est à toi qu'il va arriver des pépins !… chéri ! *(Et elle entre dans la chambre de Gladys en claquant la porte.)*

RICHARD - Non ! Attends ! Ne le prends pas comme ça !… je vais t'expliquer ! *(Il la suit.)*

JANE - Oh ! Quel caractère de chienne !

WILLIAM - De chien, Miss Jane, de chien ! *(Il la regarde.)* Quelle gaffeuse vous faites mais quel plaisir d'être avec vous !

JANE - Eh ! Oui ! Où il y a de la Jane, il y a du plaisir ! *(Elle va dans les bras de William.)* Et maintenant : tic tic !

49

(Arrivée de Geoffroy. Il est aussi en kilt. Il toussote pour signaler sa présence. Le couple se sépare.)

WILLIAM - Oh! Pardon, je n'avais pas vu que vous étiez là!

GEOFFROY *(détaillant Jane)* - Mais ne vous excusez pas, tout le plaisir est pour moi!

JANE - Oh! Mais lui aussi, il est déguisé! C'est qui?

WILLIAM - Le nouveau locataire de Madame!

GEOFFROY *(prenant la main de Jane et lui faisant le baisemain)* - Laissez-moi me présenter! Je suis Geoffroy Rohan du Gommier, architecte D.P.L.G. et je passe quelques jours dans ce château!

JANE - Hello! Alors dis-moi, est-ce que tu portes le kilt à l'écossaise ou à la française?

GEOFFROY - Il y a une différence?

JANE - Les écossais ne mettent pas de slip en dessous!

GEOFFROY *(tirant sur son kilt)* - Ah! bon?

JANE - Et toi?… je peux regarder?

GEOFFROY - Mais… c'est à dire que…

JANE - Allez! Montre!

WILLIAM - Monsieur, je vous présente Jane, mon infirmière!

GEOFFROY *(lui baisant à nouveau la main tout en tenant son kilt)* - Une infirmière? Ah! C'est ça!… Dites-moi, ce doit être un plaisir de tomber malade avec des yeux chryséléphantins pareils!

JANE - Pourquoi tu me parles d'éléphant? Je ne comprends pas!

GEOFFROY - Vous vous trompez, Mademoiselle! C'est un compliment! Cela signifie : dont certaines parties sont faites d'or et d'ivoire!

JANE - Ah! bon? Mais quand on dort, on n'a pas le temps d'y voir!

GEOFFROY - Oui! Bon! Laissez tomber!

WILLIAM *(à Geoffroy)* - En fait, Miss Jane est venue faire tic tic… euh! Est venue passer quelques jours au château, elle aussi!

GEOFFROY *(lui baisant maintenant l'avant-bras)* - Quelques jours? Mais c'est merveilleux! Nous allons donc nous revoir!

WILLIAM - J'avais quelque chose dans l'œil et elle regardait ce que c'était!

GEOFFROY - Mon œil! *(Il se met le doigt dans l'œil malade.)* Aie!

JANE - Tiens! C'est vrai! Qu'est-ce que tu as fait à ton œil?

GEOFFROY *(regardant William d'un air mauvais)* - Oh! Rien! Un petit différend avec le chef-cuisinier!

WILLIAM - Désolé de vous interrompre, Miss Jane, mais c'est l'heure de ma piqûre! Vous savez, celle qui fait : tic tic!

JANE - Ah! Yes! *(A Geoffroy.)* Excusez-moi, Monsieur, mais il faut que j'y vais.

GEOFFROY - Je vais donc vous quitter à contrecœur!… Quel dommage! Je sentais déjà comme un courant passer entre vous et moi!

WILLIAM - Ça, c'est normal, ce sont les courant d'air du château, Monsieur!

JANE *(à William)* - Bonne idée pour le tic tic, mon gros nounours! *(A Geoffroy.)* Bonne nuit, Monsieur!

WILLIAM - Qu'est-ce que vous croyez? Moi aussi j'ai ma tactique pour le tic tic! *(Il chante.)* La tacatacatac tactique de l'infirmière…

(Et ils sortent, hall d'accueil.)

GEOFFROY - Tout à fait charmante… pour une britannique! *(Voyant sortir Delphine de sa chambre.)* Eh! Là aussi, il y a une belle symétrie dans les volumes!

DELPHINE - Bonsoir!

GEOFFROY - Bonsoir!

DELPHINE - Je n'arrive pas à dormir!… je suis si énervée ce soir!

GEOFFROY - C'est sans doute cette ambiance orageuse!

DELPHINE - Sans doute!… Vous êtes architecte, n'est-ce pas?

GEOFFROY - Oui! Pourquoi? Ça se voit tant que ça?

DELPHINE *(lui regardant les jambes)* - Habillé comme ça, pas tellement !

GEOFFROY *(gêné)* - Je préfère vous dire tout de suite que je porte le kilt à la française et pas à l'écossaise !

DELPHINE - Pourquoi ?

GEOFFROY - Pourquoi je le porte à la française ?

DELPHINE - Non ! Pourquoi me dites-vous ça ?

GEOFFROY - Euh !... pour rien ! Comme ça !... Je vous sers quelque chose ?

DELPHINE - Surtout pas, merci !... Vous avez des projets, en ce moment ?

GEOFFROY *(se servant un whisky et buvant)* - Ne m'en parlez pas ! Je suis charrette !

DELPHINE - Je vois !... dommage !

GEOFFROY - Pourquoi, dommage ?

DELPHINE - Parce que j'ai un projet qui vous intéresserait certainement !

GEOFFROY *(se servant un autre whisky et l'avalant d'un trait)* - Dites toujours !

DELPHINE - Eh ! bien, vous voyez ce château, si tout se passe comme je le veux, il va être acheté par un américain et il n'existera plus ! Et à la place, il y aura un superbe parc d'attractions !

GEOFFROY - Comme chez Disney ?

DELPHINE - Un peu ! En moins américain !... Il y aura des structures à mettre en place, des bâtiments à construire, d'autres à rénover et j'aurai certainement besoin d'un architecte !

GEOFFROY *(se servant un autre verre)* - Il est pourtant dommage de sacrifier un si bel édifice !

DELPHINE - Ça, c'est votre avis !... Si le projet ne vous intéresse pas, nous n'avons plus rien à nous dire !... En revanche, si vous pensez que vous êtes à la hauteur, il y aura pour vous beaucoup d'argent à gagner ! *(Elle prend le bloc-notes sur le petit meuble du téléphone et se penche pour écrire quelque chose.)*

GEOFFROY *(admirant le postérieur de Delphine)* - Evidemment !... vu sous cet angle ! *(Il boit.)*

DELPHINE *(lui donnant le papier sur lequel elle vient d'écrire)* - Voici mon numéro de téléphone au cas où un jour vous en auriez besoin!... Bonsoir, Monsieur! Réfléchissez bien! On dit que la nuit porte conseil!... Mais un conseil, ne réfléchissez pas trop longtemps car il n'y en aura pas pour tout le monde! *(Elle entre dans sa chambre.)*

GEOFFROY *(se servant à nouveau)* - Ne t'inquiète pas, ma poulette, c'est tout réfléchi! *(Il boit tout d'un trait, pose son verre, et franchement saoul, entame un pas de danse et tombe à terre tout en riant.)*

GLADYS *(sortant de la chambre rose et apercevant Geoffroy à terre)* - Vous avez perdu quelque chose?

GEOFFROY *(riant)* - Oui! L'équilibre!... *(Il la rejoint à quatre pattes.)* Dis donc! Tes patrons, ils sont un peu bizarres! Surtout elle!... Toi par contre, tu me plais!

GLADYS - Allons, Monsieur! Ne faites pas d'enfantillages!... et vous allez abîmer votre kilt!

GEOFFROY *(aux pieds de Gladys)* - Tant pis! Tu me plais!... tu es chouette! *(Pour lui et riant.)* Une vieille chouette mais chouette quand même! *(A Gladys.)* Et pour la peine, je vais te faire deux confidences mais... lotus et mouche cousue, hein?... euh! Motus et louche cousue!

GLADYS *(se dégageant de l'étreinte de Geoffroy et s'asseyant sur un fauteuil)* - Par Saint-André, je le jure!

GEOFFROY *(s'asseyant sur l'autre fauteuil)* - La première chose, c'est que tu es nettement plus sympathique que l'horrible mégère avec qui j'ai traité cette location au téléphone!

GLADYS *(pour elle)* - Oh le mufle!

GEOFFROY - Ouais! Une pète-sec, tu vois! Et puis une voix aigrelette comme du vinaigre! Pouah!

GLADYS - Comme du vinaigre!

GEOFFROY *(avançant avec son fauteuil vers Gladys)* - Mais toi, tu es chouette! Eh! Tu vas rire! Au début que je t'ai vue, j'ai cru que c'était toi la patronne ici! Mais tu n'as pas la voix de la vieille mégère!

GLADYS *(pour elle)* - Comme quoi le téléphone transforme les voix!

GEOFFROY *(avançant à nouveau son siège vers Gladys)* **-** Et la deuxième confidence : méfie-toi de ton patron ! J'ai l'impression qu'il veut vendre le château !

GLADYS - Vendre mon château ? Jamais !

GEOFFROY - Non ! Pas le tien le sien ! C'est sa copine qui a des projets immobli… immolbi…

GLADYS - Immobiliers ?

GEOFFROY - C'est ça, merci !

GLADYS - Delphine a des projets immobiliers ?

GEOFFROY - C'est comme je te le dis ! Belle ossature architecturale, la Delphine, vous ne trouvez pas ?

GLADYS - Revenons plutôt au château !

GEOFFROY - Quel château ? Ah ! Oui ! Le château ! Elle a un client et si j'ai bien compris, elle veut le raser !

GLADYS - Son client ?

GEOFFROY - Oui !… mais non ! Le château ! C'est un vieux truc maladif qui est déjà âgé !

GIADYS - Mon château ?

GEOFFROY - Oui !… mais non ! Son client ! C'est un américain, un mangeur de hamburger et de chewing-gum !… Eh ! Tu imagines ce château transformé en Disney castle, ton patron déguisé en Dingo, toi en Minnie petite souris et une fontaine de Coca-Cola à la place de la cour ? *(Il mimera les pas de Dingo et de Minnie.)*

GLADYS - Ah ! Non ! Pas de Coca-Cola !

GEOFFROY *(s'asseyant)* **-** Alors méfiance ! Sinon… pouitt ! Plus de château !… J'ai bien fait de venir ici en vacances avant qu'on ne le rase !… D'un autre côté, j'ai vu un de mes collègues écossais et il m'a montré le projet immobilier qui existe déjà dans la région ! C'est vrai qu'il aurait intérêt à vendre, ton patron !

GLADYS - Quel projet ?

GEOFFROY - Des immeubles tout autour du château, des tours partout mais pas celles de la Belle au Bois Dormant ! Ce serait plutôt du genre la Moche à la ZUP insomniaque !

GLADYS - Des immeubles autour du château ?... oh ! Non !

GEOFFROY *(se pelotonnant contre Gladys)* - Oh ! Si ! Des petits buildings partout, partout !... Remarque, moi je suis content dans l'histoire parce que je vais peut-être décrocher le contrat et il y a beaucoup d'argent à gagner !... Ce sera kilt ou double !... euh ! Quitte ou double !... Mais tu ne le répètes à personne, hein ?

GLADYS - Oh ! Non ! A personne !... Oh ! Mon beau château entouré de béton !... Mais j'y pense si Delphine veut que Richard vende son château et qu'elle a un client, c'est qu'elle n'est pas dans l'édition ! Elle lui a donc menti ! Pauvre chéri !

GEOFFROY - Hein ? Tu m'as appelé ?

GLADYS - Mais non ! Mais non !... Et mon pauvre neveu qui ne se doute de rien !... il faut que vous m'aidiez, Monsieur ! *(Elle lui tapote la joue.)* Monsieur !... Monsieur !... il dort ! Voilà comment sont les hommes ! Quand on a besoin d'eux, ils ne sont jamais là ! *(Elle se lève et Geoffroy tombe sur le bras du fauteuil en ronchonnant.)* Je dois prévenir William ! A cette heure-ci, il doit dormir mais tant pis ! Quant à lui, je vais le couvrir avant de partir pour ne pas qu'il attrape froid ! *(Elle va dans la chambre rose et revient avec un couvre-pieds blanc et recouvre Geoffroy complètement.)* Là ! Voilà ! Bonne nuit, Monsieur Machin du Gommard ! *(Elle sort, hall d'accueil.)*

GRACE *(sortant de sa chambre)* - Cette demeure possède un secret, je le sens !... Les cartes l'ont prévu !... il faut que je rentre en relation avec l'âme de ce William Wallace ! Et je prouverai à Geoffroy que ça existe vraiment !... Mais au fait, où est-il ?... Geoffroy ?... Geoffroy ?

(Au moment où elle passe devant le fauteuil, Geoffroy, entendant son nom, bouge et tente de se lever avec le couvre-pieds sur lui ce qui lui donne des allures fantomatiques. En l'apercevant, Grâce pousse un cri. Au même moment, Delphine sort de sa chambre et pousse elle aussi un cri en voyant le pseudo fantôme. Terrorisée, Grâce court vers la chambre bleue avec une peur de la même couleur. Delphine tombe évanouie sur le pas de la porte de sa chambre. Geoffroy quitte la pièce en titubant vers les cuisines.)

RICHARD *(sortant de la chambre et butant sur le corps de Delphine)* - Qu'y a-t-il ? Qui a crié ?... Oh ! Delphine, qu'est-ce qui se passe ?

WILLIAM *(arrivant avec Gladys et Jane en retrait. Il porte un pyjama qui ressemble davantage à une grenouillère qu'à autre chose. Jane est en peignoir)* - Mais non ! Je vous dis que je ne dormais pas !

GLADYS - Bien ! Alors j'ai bien fait de vous réveiller ! Il faut que je vous parle !

55

JANE (*en arrière*) - On ne peut pas faire tic tic tranquille !… juste au moment de faire boum boum !

GLADYS - Oh ! My God ! Que se passe-t-il ici ?

RICHARD - On a crié !

JANE (*se précipitant vers Delphine qui revient à elle peu à peu*) - Mais pourquoi tu as crié sur ton femme comme ça ? Tu l'as fait tomber dans les poires !

WILLIAM - Dans les pommes !

RICHARD - Mais ce n'est pas moi qui ai crié, c'est une femme !

GLADYS (*à Jane*) - Mais qui êtes-vous, Mademoiselle ?

JANE - Moi ? Je suis l'infirmière !

GLADYS - Déjà !

RICHARD - C'est grave ?

JANE - Non ! Elle doit juste se reposer !

(*Richard soutient Delphine et l'aide à s'asseoir sur un fauteuil.*)

WILLIAM - Vous dites que c'est une femme qui a crié ?

RICHARD - Oui ! Je vous assure !

(*On entend Geoffroy crier, voix off.*)

WILLIAM - Ah ! Non ! Désolé ! Là, c'est un homme qui a crié !

GLADYS - Oh ! Qu'est-ce qui se passe encore ?

GEOFFROY (*apparaissant en se tenant la main droite ensanglantée*) - Aah ! Aah !… ma main !

WILLIAM - Oh ! My God ! Que vous arrive-t-il ?… Expliquez-vous !

GEOFFROY - Aah ! Mes doigts !… ils sont cassés !

GLADYS (*lui remuant brutalement tous les doigts de la main meurtrie*) - Faites voir !

GEOFFROY (*hurlant*) - Aah ! Mais arrêtez, vous allez me casser les doigts !

GLADYS - Mais puisqu'ils sont déjà cassés, ça ne craint rien !… quel douillet, ce Français !

JANE *(allant vers Geoffroy)* - Attends ! Je vais regarder ! Je suis infirmière !

GLADYS *(à Jane)* - Vous, on peut dire que vous êtes venue au bon moment !

GEOFFROY - Oui ! Mais alors doucement, hein ?… doucement !

JANE *(remuant tous les doigts de Geoffroy sans ménagement)* - Ils ne sont pas cassés tes doigts sinon tu ne peux pas les bouger !

GEOFFROY - Mais je ne peux pas les bouger !

JANE - Ah ? Alors ils sont peut-être cassés !

GLADYS - Mais comment avez-vous fait ça ?

GEOFFROY - C'est à cause de l'armure ! J'ai soulevé la visière du casque !

WILLIAM - Comme quoi maintenant elle s'ouvre bien depuis que je l'ai réparée !

GEOFFROY - Je ne sais pas ce que vous avez fait mais je voulais regarder à l'intérieur du casque ! Alors j'ai posé ma main comme ceci et la visière s'est rabattue d'un coup sec… sur mes pauvres doigts !

WILLIAM - Ah ?… Elle ne s'ouvrait plus et maintenant elle se referme trop vite ! Il faudra que je revois ça !

GEOFFROY - Vous auriez mieux fait de ne pas y toucher ! Ce sera votre faute si je ne peux plus écrire !

WILLIAM - Ma faute ? Elle est forte celle-là ! Je signalerais à Monsieur qu'une armure, c'est comme une femme : on la caresse, on ne la tripote pas !

GEOFFROY - Ah ! Vraiment, on est bien maltraité ici ! D'abord, c'est l'arcade sourcilière, et maintenant c'est la main !… Puisque c'est comme ça, je ne paierai certainement pas ma location !

GLADYS - William, soutenez-moi ! Je sens que moi aussi je vais m'évanouir ! *(Et elle s'évanouit dans les bras de William.)*

GRACE *(sortant de sa chambre)* - Que s'est-il passé ?… Ah ! Mon Dieu, c'est vrai, je l'ai vu !

RICHARD - Qu'avez-vous vu ?

GRACE - Le fantôme de William Wallace !

WILLIAM *(à Geoffroy avec Gladys dans les bras)* **-** Ça aussi, vous allez dire que c'est ma faute!… Décidément, on est gâté ce soir!

GRACE - Pourquoi? Il y a eu autre chose?

JANE - Rien de grave! C'est ton mari!… il a les doigts coupés!

GRACE - Les doigts coupés?… oh! Quelle horreur! *(Et elle s'évanouit.)*

WILLIAM - Et hop! Une de plus!

JANE - Mais pourquoi ils tombent tous dans les poires?

LES HOMMES - Dans les pommes!… oh!

RIDEAU

ACTE III

Le lendemain matin. On entend la pluie tomber. Geoffroy, toujours en kilt, la main droite bandée dans un énorme pansement, regarde les titres des livres de la bibliothèque. Il en sort un, d'abord avec la main droite mais comme il souffre trop, prend la gauche.

GEOFFROY - Tiens ? Un roman de Victor Hugo dans une bibliothèque écossaise ! Les Misérables ! *(Il le feuillette.)* Une vraie vie de pauvres ! Quelle horreur ! *(A ce moment, il aperçoit deux billets de dix pounds dans le livre.)* Eh ! Pas si pauvres que ça ! Deux billets de dix livres ! Je trouve des livres dans un livre, c'est original, ça ! *(Il regarde tout autour de lui et ramasse les billets dans sa poche.)* Ça me remboursera les arrhes ! *(Tout en secouant bien le livre pour voir s'il y a d'autres billets.)* Jean Valjean, les Ténardier ! Si vous en avez d'autres, il faut les cracher !… oh ! Je sens que je vais aimer Victor Hugo !

JANE *(entrant avec une tenue plutôt excentrique et attirante)* - Hello ! Geoffrey !

GEOFFROY - Froy !

JANE - Tu as raison, il ne fait pas chaud cette matinée ! Les Dieux, là-haut ont décidé de verser sur nos têtes toute l'eau du ciel ! Oh ! Les misérables !

GEOFFROY *(rangeant le livre)* - Oui, les misérables !

JANE - Je ne te dérange pas ? Je peux te faire la causette un moment ?

GEOFFROY - La Cosette ?

JANE - Oui ! Causer avec toi ! Ce n'est pas comme ça qu'on dit en français ?

GEOFFROY - Si ! Si ! Bien sûr !… j'étais encore avec Victor Hugo !

JANE - Et tes doigts ? Ça ne te fait pas trop souffrer !

GEOFFROY - Oh ! Si ! Terriblement souffrer !… Si vous saviez comme j'ai mal ! J'ai tellement mal aux doigts que j'ai l'impression de ne plus en avoir !

JANE - Attends ! Je vais regarder !

GEOFFROY - Oh ! Non ! Ça fait trop mal !

JANE - Mais ne sois pas douillette ! *(Elle commence à enlever le pansement.)*

GEOFFROY - Pas douillette ! Pas douillette !… j'aimerais vous y voir !

JANE - Encore avec ton ivoire ? *(Regardant la blessure.)* Oh ! La ! La !

GEOFFROY - Quoi ? Qu'y a-t-il ?

JANE - Ce n'est pas joli à voir !… il y a plein de « piou » !

GEOFFROY - Des poux ?

JANE - Non ! Du « piou » !

GEOFFROY - Ah ! Du pus ?

JANE - Oui ! Regarde !

GEOFFROY - Ah ! Non ! Je ne veux pas regarder !

JANE - J'espère que tu es vacciné avec le tétanos !

GEOFFROY - Je ne sais plus ! Peut-être !

JANE - Sinon il faudra une piqûre !

GEOFFROY - Si ! Maintenant je m'en souviens ! Elle a été faite il n'y a pas très longtemps !

JANE - Autrement tu auras les doigts qui vont pourrir et ils vont tomber !

GEOFFROY - Tomber ? Quelle horreur ! J'ai déjà été à deux doigts de les perdre !

JANE - A quatre doigts, tu peux dire !

GEOFFROY *(riant jaune)* **-** Il ne manquerait plus que ça ! Avec ma profession, j'ai besoin de mes mains !

JANE - Tu es architecteur, c'est ça ?

GEOFFROY - Architecte, oui !

JANE - Tu dois être contente avec tout ce qu'il y a dans le château !

GEOFFROY *(montrant à chaque fois)* - C'est ma foi vrai! Il y a ici des encorbellements et des architraves splendides! Vous ne trouvez pas?

JANE *(regardant en l'air sans rien voir)* - Des bêlements et des betteraves?... où ça?

GEOFFROY - Regardez ces chapiteaux et ses stylobates!

JANE *(sortant un stylo de sa poche)* - Un satylo bath, je sais ce que c'est! Moi aussi j'ai un bath stylo!... regarde!

GEOFFROY *(bas)* - Mon Dieu, quelle ignorante!... *(A Jane.)* Enfin, vous ne pouvez pas rester insensible devant ce cul-de-lampe!... oh! Admirez ce cul-de-lampe! Il n'est pas magnifique?

JANE *(regardant la lampe posée sur le meuble à côté du téléphone)* - Qu'est-ce qu'il a le cul de la lampe? Je ne le trouve pas terrible!

GEOFFROY - Mais non! Je ne parle pas de la lampe!... le cul-de-lampe, c'est le petit support sculpté là-haut qui reçoit la retombée d'un arc! *(Montrant.)* Vous voyez? Là!

JANE *(montant sur un fauteuil)* - Oh! Yes! Excuse-moi mais le française est très difficile pour moi!

GEOFFROY *(se rapprochant d'elle)* - Je pourrais peut-être vous donner quelques leçons... particulières!

JANE - Pourquoi pas? Et moi je vais t'apprendre l'écossais!

GEOFFROY *(tout près d'elle)* - Je suis certain que je ferais des progrès si je mettais la main à la pâte sérieusement! *(Il lui pose la main sur la hanche.)*

GLADYS *(entrant, portant un tailleur de très belle qualité et apercevant la scène)* - Eh! bien, Monsieur, on fait de la rééducation fonctionnelle?

GEOFFROY - Oui!... euh! Non!... je consulte l'infirmière pour savoir si mes doigts vont pouvoir fonctionner comme avant!

GLADYS - Eh! bien, apparemment, ça va beaucoup mieux!

JANE *(lui retirant la main délicatement)* - Oui! Mais attention! Ils sont encore fragiles! *(Elle lui replace le pansement correctement. Il grimace dans un sourire.)* Oh! Mais tu es très belle avec ton costume!

61

GLADYS - Merci, Mademoiselle! Il m'arrive parfois de me déguiser en Lady écossaise pour m'imaginer que je suis riche!

JANE *(riant)* - Fais comme si tu étais propriétaire du château!

GLADYS - Oui! Bon!... Vous n'avez pas vu William, par hasard?

JANE - Oh! Il a dû se réveiller tard!... il a eu une nuit très agitée!

GLADYS - Ah?... je trouve qu'il se dépense trop en ce moment!... Il va bien falloir qu'il mollisse un jour ou l'autre!

JANE - Pour l'instant, ça va, il ne faut pas qu'il soit mou trop vite!

GLADYS - Et vous, Monsieur, pas trop mal aux doigts?

GEOFFROY *(gardant les mains de Jane dans les siennes)* - Oh! Si, Madame! Si vous saviez comme je souffre!

GLADYS - Ça se voit, Monsieur!... Bon! Si vous voyez William, dites-lui que je veux le voir! Je suis aux cuisines! *(Et elle sort vers les cuisines.)*

JANE - Bien, Madame!

DELPHINE *(sortant de la chambre de Gladys)* - Bonjour tout le monde! Vous n'avez pas vu Richard, par hasard?

JANE - Décidément, tout le monde se cherche ce matin!

DELPHINE - Bonjour, Geoffroy! Vous n'avez pas l'air de trop souffrir en ce moment!

GEOFFROY *(lâchant les mains de Jane)* - Bonjour Delphine!... *(Il prend les mains de Delphine.)* Ah! Si! Je souffre le martyr!... et moi qui dois rendre des plans dans trois semaines! Comment vais-je faire?... Moi qui suis déjà charrette!

JANE - Pourquoi tu dis toujours : charrette? Tu sais, il y a des machines qui vont plus vite aujourd'hui!

GEOFFROY - Charrette est un terme typiquement d'architecte! Ça remonte au temps où les architectes finissaient leurs plans sur une charrette qui était à l'époque le principal moyen de locomotion! Ça veut donc dire qu'on est pressé, quoi!

RICHARD *(entrant en kilt, voyant Delphine les mains dans celles de Geoffroy)* - Bonjour tout le monde ! Je vois qu'une infirmière ne vous suffit pas !… Moi aussi finalement, je vais peut-être me casser quelque chose !

DELPHINE *(retirant ses mains d'un coup sec)* - Tu ferais bien de te casser la tête pour écrire ton roman !

RICHARD - Oui ! Delphine ! J'y songe !… Bonjour, Monsieur !

DELPHINE - N'hésitez pas à nous dire s'il vous manque quoi que ce soit !… Le petit-déjeuner vous a-t-il satisfait ?

GEOFFROY - Oui !… seulement, pouvez-vous me dire s'il est toujours aussi copieux ?

DELPHINE - Pourquoi ?

GEOFFROY - Parce que quatre tranches de jambon, du saucisson, trois tranches de lard, six tranches de bacon, une omelette, du miel, du cake, du pudding et des pétales de maïs soufflés comme s'il en pleuvait, c'est peut-être un peu copieux pour le matin, non ?

RICHARD - Pour nous, français, c'est un peu lourd mais pour un Ecossais, c'est normal !

GEOFFROY - Ah ! Bon !

DELPHINE - Je ne comprends pas ! Je n'avais pas tout ça, moi !

RICHARD - Oui ! Mais tu n'es pas écossaise et tu n'es pas blessée comme lui ! *(A Geoffroy et feuilletant un des magazines du guéridon.)* Avez-vous vu que nous avions chacun notre journal et qu'il était en français ?

GEOFFROY - Oui ! J'ai vu !… j'ai vu aussi qu'il datait du mois dernier !

RICHARD - Du mois dernier ? *(Pour lui.)* Je dirai à William de surveiller les dates la prochaine fois !

GEOFFROY - Cela ne fait rien, l'intention y était !

RICHARD *(lui serrant la main)* - Ah ! C'est bien ! Vous êtes très compréhensif !

(Geoffroy hurle.)

Oh ! Pardon, Monsieur !

JANE - Oh! Mais fais attention!

GEOFFROY - Mais oui! Faites attention, bon sang! Vous voyez bien que je souffre!

JANE - Viens! Je vais te changer le pansement et tu vas me parler de ton charrette!

GEOFFROY - Oh! Oui! Pansez-moi, Miss Jane! Vous pensez si bien quand vous voulez! *(Ils sortent pan coupé jardin.)*

DELPHINE - Tu remarqueras que j'ai fait des efforts avec ce client, comme tu me l'as demandé!

RICHARD - Oui! Je t'en remercie! Il faut bien réparer les erreurs de William!

WILLIAM *(entrant, visiblement fatigué)* - Bonjour tout le monde! *(Il baille.)* Vous n'avez pas vu Madame, par hasard?… enfin je veux dire Gladys?

RICHARD - Non! Mais vous n'avez pas l'air dans votre assiette!

WILLIAM - Si! Ça va! Mais la nuit a été plutôt agitée! *(Il regarde par la fenêtre.)* Oh! My God! Quel déluge!… *(Pour lui.)* C'est excellent! On va pouvoir faire des économies d'eau, ce mois-ci!… *(Il danse tout doucement tout en chantant « Singing in the rain » sans se préoccuper de la présence de Richard et de Delphine. Ils observent William qui imite les pas du célèbre film.)*

RICHARD - Vous êtes sûr que ça va bien, William?

WILLIAM *(s'arrêtant net)* - A peu près bien, Monsieur!

DELPHINE - C'est la pluie qui vous rend d'aussi bonne humeur?

WILLIAM - Oui, Madame!

DELPHINE - Comment se fait-il qu'elle n'affecte pas votre stoïcisme légendaire

WILLIAM - Contrairement aux Français, Madame, lesEcossais considèrent la pluie comme un élément naturel contre lequel ils ne peuvent rien et même plutôt bénéfique! Et puis, on dit ici que la contemplation est la vertu suprême des peuples celtes!

RICHARD - Jolie maxime!

WILLIAM - Merci pour le compliment, mais je rappellerais à Monsieur que mon nom est William et pas Maxime !

RICHARD - Non ! Je voulais dire que votre phrase était un joli dicton !

WILLIAM - Monsieur peut en prendre note pour son prochain roman !

RICHARD - Pourquoi pas ? Seulement pour l'instant, mon inspiration est de circonstance : elle flotte !

DELPHINE - Mais je te l'ai déjà dit ! Pourquoi ne pas écrire un roman qui se déroulerait en Ecosse ?

WILLIAM *(pour lui)* **-** Après ce que m'a dit Madame sur Delphine, il faut que je l'avertisse des mauvaises intentions de cette créature ! *(A Richard.)* Mais oui ! C'est une très bonne idée !… L'histoire se passerait dans un château en Ecosse et le héros du roman, propriétaire dudit château, serait pris bien malgré lui dans un traquenard pour lui faire vendre sa demeure à des étrangers, par exemple !

RICHARD - Oui ! En effet ! Voilà un sujet intéressant à développer !

DELPHINE - C'est ridicule !… cette histoire est abracadabrante !

RICHARD - Pourquoi, ma chérie ?

WILLIAM - Oui. Pourquoi ? Cette histoire pourrait fort bien arriver dans la vie !

DELPHINE - Justement ! Les lecteurs ont besoin d'oublier le quotidien ! Ils ont besoin de rêves, de situations inédites ! Dans un roman qui se passe en Ecosse, il faut écrire sur les fantômes, sur les Highlands, sur le monstre du Loch Ness !

WILLIAM *(amusé)* **-** Voulez-vous dire que le quotidien n'est pas toujours joli-joli et qu'il vaut mieux éviter de parler de certaines choses ?

DELPHINE - Après tout, c'est l'auteur qui commande l'évolution de son roman et Richard écrit ce qu'il veut ! Mais je suis sûre qu'il trouvera une idée bien meilleure que celle-là !… N'est-ce pas, Richard ?

RICHARD - Euh ! Oui ! Peut-être !

DELPHINE - Oui ! Bon ! Assez perdu de temps, Richard ! Au travail !

RICHARD - Mais j'aimerais bien sortir un peu et…

DELPHINE - Sortir par un temps pareil ? Tu n'y penses pas ! Allez ! Ouste !

RICHARD - Mais…

DELPHINE - Il n'y a pas de mais !

RICHARD - Bien, Delphine ! J'y vais ! *(Et ils retournent dans la chambre de Gladys.)*

WILLIAM - Il lui obéit au doigt et à l'œil !

> *(A ce moment, on voit Jane, une seringue à la main, courant après un Geoffroy effrayé. Tous deux tournent autour des colonnes et des deux fauteuils.)*

GEOFFROY - Au secours ! Au secours !

WILLIAM - Que se passe-t-il, encore ?

JANE - J'ai peur qu'il y a de l'affection à sa main !

WILLIAM - Pas de l'affection, Miss Jane, de l'infection !

> *(Jane poursuit toujours Geoffroy, son arme médicale à la main.)*

GEOFFROY - Elle est complètement piquée, votre infirmière !

WILLIAM - Mais ne craignez rien ! Maintenant, elle sait bien les faire, les piqûres !

GEOFFROY - Mais je ne veux pas de piqûre !

JANE - Mais si, c'est nécessaire ! C'est une piqûre antititanic !

WILLIAM - Pas anti Titanic, antitétanique !

JANE - C'est pareil ! *(Finalement, Geoffroy réussit à s'échapper vers le hall d'accueil.)* Oh ! Tu as vu le trouille qu'il a pour une toute petite piqûre !… Il faut absolument que je lui fais la piqûre sinon il risque plein de problèmes !… On voit bien que c'est un Français ! Quel peureux ! Mais moi, je suis écossaise et je n'ai pas dit mon dernier mot !… Par Saint Andrew ! A l'attaque ! *(Et elle sort même direction que Geoffroy. On entend ce dernier crier. Puis un grand bruit de tôle provenant de l'armure qui tombe à terre.)*

WILLIAM - Oh ! My God ! L'armure de Madame !… Eh ! bien, lui, on peut dire qu'il n'a pas de chance !

GLADYS *(entrant)* - Bonjour, William ! Mais quel est ce vacarme ?

WILLIAM - Bonjour, Madame ! Ce n'est rien, c'est l'infirmière qui court après votre locataire !

GLADYS - L'infirmière court après le locataire ?

WILLIAM - Oui !... pour lui faire une piqûre !... Oh ! Je vois que Madame a abandonné sa tenue de femme de chambre !

GLADYS - Enfin, voyons, William, nous sommes aujourd'hui dimanche ! Et le dimanche, c'est la messe ! Et la messe, c'est sacré !

WILLIAM - C'est vrai ! Avec tout ça, j'avais oublié !... Madame a-t-elle bien dormi ?

GLADYS - Bien dormi ? Je n'ai pas fermé l'œil de la nuit, vous voulez dire !

WILLIAM - Et pourquoi donc ?

GLADYS - Mais parce que j'ai ressassé tous mes problèmes pendant toute la nuit ! Et ce n'est pas l'affreuse couleur rose de la chambre qui m'a aidé à y voir plus clair !

WILLIAM - Madame n'avait qu'à éteindre la lumière !

GLADYS - Pour y voir plus clair ?

WILLIAM - Mais non ! Pour ne plus voir la couleur rose !

GLADYS - Vous ne vous rendez pas compte, William, de la gravité de la situation !

WILLIAM - Oh ! Si, Madame !

GLADYS - Moi qui me remets à peine du chagrin d'Amour avec Bobby ; je n'ai pas besoin de tous ces ennuis !... Enfin ! Je vous fais juge ! Mon pauvre château risque d'être entouré d'affreux immeubles, mon neveu risque d'être berné par d'étranges manigances et mon locataire risque de partir sans payer !... Et pour couronner le tout, j'ai perdu mon beau déshabillé !... Avouez que ça fait beaucoup en peu de temps !

WILLIAM - En espérant que ça s'arrête là !

GLADYS - Pourquoi ? Vous avez d'autres choses à m'annoncer ?... Il ne manquerait plus que ça !... Vous allez me dire que vous couchez avec l'infirmière, peut-être ?

(William, figé, ne répond pas.)

67

William?… William, regardez-moi!… Vous n'avez pas dormi avec la petite amie de Richard?

WILLIAM - Oh! Non! Pas dormi!

GLADYS - Ah! Bon! J'aime mieux ça!… Par contre, je vous trouve une petite mine, ce matin!

WILLIAM - C'est à cause des tic tic de cette nuit!

GLADYS - Comment?

WILLIAM - C'est à cause des soucis de cette nuit!… je suis un peu fatigué moi aussi!

GLADYS - Et apparemment, vous semblez avoir beaucoup de peine à trouver vos mots!

WILLIAM - Vous avez raison, Madame!… A propos de mot, j'en ai trouvé un près du téléphone d'un certain Maître Mac Evans!

GLADYS - Maître Mac Evans?… vite, William, donnez-le-moi!

WILLIAM *(se fouillant)* **-** C'est trop bête! Je ne sais plus ce que j'en ai fait!

GLADYS - Que disait ce mot?

WILLIAM - Madame! Je ne lis jamais les mots vous concernant!

GLADYS - Eh! bien, pour une fois, vous auriez dû!… Retrouvez ce mot, William, c'est très important!

WILLIAM - Bien, Madame!

GLADYS - Ah! William, avez-vous parlé à mon neveu?

WILLIAM - Oui mais uniquement par allusions! Madame était là!

GLADYS - Elle le suit comme un petit chien!

WILLIAM - Je dirais plutôt que c'est Monsieur qui joue les petits chiens!

RICHARD *(sortant de la chambre de Gladys, parlant à Delphine et sur le ton d'un petit chien qui jappe)* **-** Quoi?… quoi?… quoi?… quoi?… c'est un projet stupide et je ne peux pas le cautionner! *(Il ferme la porte.)*

GLADYS - Que se passe-t-il?

RICHARD - Rien, ma tante! Tu as assez de soucis comme ça à cause de moi!
(Il sort, hall d'accueil.)

GLADYS - Ce garçon-là m'inquiète de plus en plus!

WILLIAM - Ne vous inquiétez pas pour lui! Monsieur n'est amoureux de Delphine que pour ce qu'elle représente : l'édition de son livre! Mais en réalité, tout les sépare! Il est doux, naïf, passionné!... Elle, c'est une femme d'affaires, carriériste et égoïste!... Je ne sais pas ce qui lui a plu chez votre neveu mais c'est étrange!... Je connais quelqu'un qui pourrait m'en dire plus sur elle car si ce que vous m'avez dit hier soir est juste, cela m'étonnerait beaucoup qu'elle soit dans l'édition! Elle serait plutôt dans l'édification!

GLADYS - Vous pensez à des immeubles?

WILLIAM - Lui qui cherchait la promotion de son livre, je crois que c'est elle qui se livre à une certaine promotion! D'un autre côté, bien entendu, cela ne nous regarde pas!

GLADYS - Tout à fait, William!... Mais que pouvons-nous faire pour le tirer de là?... Ce qu'il faudrait, c'est qu'une autre femme lui tourne la tête! L'infirmière, par exemple!

WILLIAM - Ah! Non! Pas l'infirmière!

GLADYS - Et pourquoi pas, l'infirmière? Elle est jolie, elle est écossaise, ce qui ne gâte rien et elle a l'air d'avoir tout ce qu'il faut pour le rendre heureux!

WILLIAM - Ah! Ça! Elle a tout ce qu'il faut!

GLADYS - Et je suis persuadée qu'avec elle, les romans de mon neveu seraient un peu plus gais qu'ils ne le sont!

WILLIAM - Peut-être! Mais pour votre neveu qui est un littéraire, plutôt qu'une infirmière, je vois davantage une femme intelligente, instruite, aimant la littérature et qui a la tête un peu dans les nuages… comme lui!

GLADYS - Ah! Oui?... Mais où trouver une telle femme?

WILLIAM - Ça ne se trouve pas sous les solerets d'une armure, c'est sûr!

GRACE *(entrant, hall d'accueil, un livre à la main)* **-** Bonjour tout le monde!

GLADYS *(bas à William)* - Attention! Voilà la femme du locataire!... alors surtout, William, ne gaffez pas! Nous devons les choyer si nous, voulons être payés pour la location!

WILLIAM - Bien, Madame! *(A Grâce.)* Bonjour, Madame! Avez-vous passé une bonne nuit?

GRACE - Oui! J'ai très bien dormi!

GLADYS - Vous avez de la chance!

GRACE - Savez-vous où se trouve Geoffroy?

GLADYS - Votre charmant mari?

GRACE - Ce n'est pas mon mari! Il aimerait bien à cause de la fortune de mon père mais personnellement, j'hésite encore!... Bref! L'avez-vous vu?

GLADYS - Oui! L'infirmière lui court après!

GRACE - L'infirmière lui court après?

WILLIAM *(bas à Gladys)* - Question gaffe, je trouve que Madame est un peu légère! *(A Grâce.)* Elle lui court après pour lui faire une piqûre à cause de sa blessure!

GRACE - Ah! Très bien!

GLADYS - C'est ce que je voulais dire!... Remarquez qu'il n'y aurait rien d'étonnant à ce qu'elle lui court après! Il est bel homme et elle est superbe également! Il formerait un beau petit couple tous les deux!

WILLIAM - Oui! Mais malheureusement, il est déjà pris avec Madame et Miss Jane possède également un petit ami!

GLADYS - Qu'est-ce que vous en savez?

WILLIAM - Euh! Je ne sais pas, je présume! Une jolie femme comme ça a forcément un petit ami!... un petit ami qui doit être tout à fait convenable, j'en suis certain, Madame... euh! Gladys!

GRACE - Vous vous appelez Gladys, n'est-ce pas?

GLADYS - Oui! C'est moi!... pourquoi?

70

GRACE - J'ai trouvé dans le hall un papier avec votre nom inscrit dessus! *(Elle ouvre le livre qu'elle a en main et en sort le bout de papier en question.)* Je me suis permis de le lire pour savoir à qui il était destiné, je suis désolée!

GLADYS *(prenant le papier)* - Mais au contraire! Vous avez bien fait! *(Elle le lit rapidement.)* Oh! Merci! Vous ne vous imaginez pas le plaisir que ça me procure! Oh! Merci mille fois! Si c'est ce que je crois, je vais devenir la plus heureuse des femmes! *(Elle embrasse Grâce.)* Et ce sera grâce à vous!

WILLIAM - Grâce! C'est le cas de le dire!

GLADYS - Et vous verrez, William comme nous serons heureux! *(Et elle commence à danser avec lui avant de sortir dans la chambre rose.)*

GRACE *(reposant le livre dans la bibliothèque)* - Votre femme de chambre est surprenante!

WILLIAM - Oui! Surprenante!

GRACE - Elle a l'étoffe d'une grande dame!

WILLIAM - Ah! Ça! Elle a l'étoffe! *(Pour lui.)* Et même la garde-robe toute entière!

RICHARD *(venant du hall d'accueil)* - Bonjour William!

WILLIAM - Bonjour, Monsieur!... vous n'êtes pas en train d'écrire votre nouveau roman?

RICHARD - Non! Je manque d'inspiration!

GRACE *(sous le charme)* - Bonjour Richard... pardon, Monsieur Leblanc!

RICHARD *(sans faire attention à elle)* - Bonjour, Madame!... William, il faudra que vous jetiez un coup d'œil à l'armure qui se trouve dans le hall! Elle est tombée par terre et elle est en mille morceaux!

WILLIAM - En mille morceaux?

RICHARD - J'exagère mais c'est tout comme! C'est certainement un des employés du château qui a dû cogner dedans et la renverser!

WILLIAM - Oh! My God! C'est vrai, l'armure préférée de Madame!... Mais pourquoi un employé du château! Ça peut être n'importe qui d'autre!

GRACE - Il faut être vraiment idiot ou aveugle pour ne pas avoir vu cette magnifique pièce de musée! Il me semble que je l'ai vue dans un livre sur l'Ecosse!

WILLIAM - Un livre sur l'Ecosse?... Oh! Un livre! Merci beaucoup, Madame!... Excusez-moi, j'ai un coup de fil urgent à donner! Et après je verrai ce que je peux faire pour réparer cette maudite armure! Il faut vraiment que je sois partout dans ce château! Si ça continue, je vais rendre ma cotte de maille, moi!... Non! Mais! *(Il sort, hall d'accueil.)*

GRACE - Vous écrivez des romans, n'est-ce pas?

RICHARD - Oui! C'est une véritable passion!

GRACE - Vous avez de la chance de pouvoir vivre pleinement votre passion!

RICHARD - La vivre, c'est une chose mais en vivre, c'en est une autre!

GRACE - Ce ne doit pas être facile, en effet!... Et en ce moment, vous êtes sur une nouvelle histoire?

RICHARD - Euh!... oui!

GRACE - Vous avez déjà un titre en vue?

RICHARD - Oui! Ça s'appellera : *« Notre-Dame de Chartres »*!

GRACE - Et de quoi s'agit-il?

RICHARD - Eh! bien, il s'agit d'une femme qui est très lai... très lai... très laissé-pour-compte et qui tombe amoureuse d'un bohémien qui danse sur le parvis de Notre-Dame de Chartres!

GRACE - Ça ressemble à l'histoire d'Esméralda et de Quasimodo!

RICHARD *(gêné)* **-** Euh!... oui! Si on veut!

GRACE - A part que, dans votre histoire, apparemment, c'est la femme qui est bossue et très laide, je suppose!

RICHARD *(de plus en plus mal à l'aise)* **-** Euh!... oui! Si on veut!

GRACE - Eh! bien, je vous félicite! Alors que beaucoup de romanciers s'évertuent à choisir comme héroïnes des femmes superbes, prendre pour héroïne une femme laide représente un exercice périlleux!

71

RICHARD - Il faut savoir parfois sortir des sentiers battus !

JANE *(entrant, hall d'accueil)* **-** Ah ! Madame ! Je te cherchais !… Ton mari, il s'est cogné le tête dans l'armure du hall !

GRACE - Oui ! Ça ne m'étonne pas ! Il a toujours été tête en l'air !… Et il y a beaucoup de bobo ?

JANE - Complètement destroyed !

GRACE - La tête de Geoffroy !

JANE - No ! L'armure ! Elle fait une drôle de tête !… Mais ne t'inquiète pas ! Je l'ai bien soigné !

GRACE - Vous avez soigné l'armure ?

JANE - No ! Ton mari !… Mais depuis qu'il a reçu le coup sur son tête, il n'est plus la même !

GRACE - Ah ! Non ?

JANE - Non ! Il est mieux !… il est plus sympathique, si tu préfères !

RICHARD - Il faudrait peut-être que j'aille aider William qui risque d'avoir des ennuis pour réparer son armure !

JANE - Oui ! Vas-y ! Il est comme son Geoffroy ; il ne sait plus où donner de la tête !

RICHARD - A tout à l'heure ! *(Il sort, hall d'accueil.)*

JANE - A tout à l'heure !

GRACE *(retirant ses lunettes pour se frotter les yeux)* **-** Et où est Geoffroy actuellement ?

JANE - Il se repose dans une chambre là-haut ! *(Apercevant le visage de Grâce.)* Oh ! Mais dis donc !… tu es nettement plus jolie sans tes gros binocles ! Pourquoi tu ne les enlèves pas quelquefois ?

GRACE - Parce que je suis très myope et que sans elles, je ne vois pratiquement plus rien !

JANE - Tu as déjà essayé les lentilles ?

GRACE - Non ! Jamais !… j'ai peur de ne pas les supporter !

72

JANE - Tu sais, au début, mon gros nounours, j'avais peur de ne pas le supporter et puis je l'ai essayé et maintenant je le garde !

GRACE - Votre gros… nounours ?

JANE - Mon petit ami !… Essaie les lentilles ! Tu verras bien !… Et puis, il faut que tu t'habilles autrement que ça ! Regarde ! *(Elle lui défait les boutons du haut de son chemisier.)* Il faut montrer tout ça !… Tu ne trouves pas que c'est mieux ?… Il faut que les hommes, ils voient le début de tes doudounes ! Comme ça, ils imaginent des choses !

GRACE - C'est que ce n'est pas vraiment mon genre ! Et puis je ne suis pas assez belle pour attirer les hommes !

JANE - Alors là ! Tu te mets le doigt dans l'œil jusqu'au nombril ! Les hommes, ils regardent davantage la forme de tes fesses que la couleur de tes yeux ! Si tu es bien foutue, le reste, ils se moquent !… Et apparemment, tu es bien foutue ! Viens dans ta chambre ! Je vais t'expliquer !

(Elles entrent dans la chambre bleue. Geoffroy revient avec William qui a un marteau en main. Effectivement, Geoffroy n'est plus tout à fait le même. Il porte un énorme pansement autour de la tête. Il est hilare et semble ailleurs.)

WILLIAM - Voilà ce que c'est que de jouer avec les armures ! Ça ne va pas arranger nos problèmes, ça !

GEOFFROY - Avec l'armure ?… quelle armure ?

WILLIAM - L'armure du grand hall ! Vous n'êtes pas raisonnable !

GEOFFROY - Du grand hall ?… quel grand hall ?

WILLIAM - Oh ! My God ! Je vois que Monsieur a besoin de beaucoup de repos ! *(A Delphine qui sort de la chambre de Gladys.)* Ah ! Madame ! Sans vous commander, occupez-vous de lui ! Il en a bien besoin ! Il a reçu un coup sur la tête !

DELPHINE - *(montrant le marteau)* C'est vous qui lui avez fait ça ?

WILLIAM - Non ! Pas du tout ! Il est rentré la tête la première dans la grosse armure de l'entrée ! Et justement, il faut que je finisse de la réparer !… Je vous le confie ! A tout de suite ! *(Il assoit Geoffroy sur un fauteuil et sort.)*

DELPHINE - Eh ! bien, mon ami ! Ça ne va pas ?

GEOFFROY - Si! Ça va très bien! Ça n'a même jamais été aussi bien!... je suis heureux!

DELPHINE - Tant mieux!... Vous avez eu le temps de réfléchir à ma proposition d'hier soir?

(Il se met à ricaner.)

Vous êtes sûr que ça va?

GEOFFROY - Oui! Oui! Moi, ça va! *(Il rit.)* Par contre, c'est vous qui n'allez plus aller dans quelques minutes!

DELPHINE - Et pourquoi, je vous prie?

GEOFFROY - Parce que j'ai su par l'infirmière que votre copain n'est pas le propriétaire du château que vous voulez transformer!

DELPHINE - Comment?

GEOFFROY *(riant)* - Vous êtes faite avoir sur toute la ligne! C'est la fausse domestique qui est la vraie tante de votre copain qui est la véritable propriétaire!

DELPHINE - Mon pauvre ami, vous déraillez! On voit bien que vous avez reçu un coup sur la tête!

GEOFFROY - Je te dis que c'est la vérité!

DELPHINE *(éclatant d'un rire nerveux)* - Ah! Ah! Ah!...

GEOFFROY - Vous aussi vous avez reçu un coup sur la tête?

DELPHINE - Alors comme ça, ça fait trois mois que j'essaie de lui faire signer un compromis de vente pour un château qui ne lui appartient pas? Ah! Il va me le payer cher!

GEOFFROY - Oh! Je crois bien que j'ai fait une gaffe, moi!

(Richard revient avec William. Ils rient de la réparation de l'armure tant et si bien que Richard glisse et tombe aux pieds de Delphine.)

DELPHINE - Ah! Tu tombes bien, toi! Qu'est-ce que c'est que cette histoire de tante?

RICHARD - *(se relevant)* De tante? Quelle tante, ma chérie?

GEOFFROY *(à Richard)* - Qu'est-ce que tu vas prendre, mon gars!

DELPHINE - Et en plus, tu te fous de moi!… Alors ça fait trois mois que tu me fais croire que tu es propriétaire de ce château pourri alors que tu n'es qu'un fauché et un minable rimaillon de quatre sous!

GEOFFROY *(à Richard)* - Je t'avais bien dit que tu allais te faire sonner les cloches!

RICHARD - Ecoute, Delphine, je…

DELPHINE *(très théâtrale)* - Non! Je ne veux plus t'entendre! Tu m'as honteusement abusée et tu t'es servie de moi parce que mon père est éditeur et que tu espérais bien faire éditer un de tes romans! Je suis blessée dans mon Amour-propre! Jamais plus je ne pourrai regarder un homme comme avant sans penser à la cruelle déception que j'ai eue avec toi!

GEOFFROY *(riant de la situation)* - Ah! C'est beau! C'est dramatiquement beau!

RICHARD - Mais, ma chérie, je t'assure que je voulais tout t'avouer!

DELPHINE - Non! Tu es un lâche et c'est petit ce que tu viens de me faire!

WILLIAM - Sauf le respect que je vous dois, Madame, je suis au regret de vous dire que je vous trouve un peu gonflée!

DELPHINE - Comment? Mêlez-vous donc de ce qui vous regarde!… Vous étiez dans la combine, je suppose!

WILLIAM - Bien malgré moi, Madame!

GEOFFROY *(ricanant)* - Oh! J'aime bien quand ça s'engueule comme ça!

DELPHINE *(tapant sur la tête de Geoffroy)* - Et vous, arrêtez de ricaner bêtement comme ça!

(Il stoppe net.)

WILLIAM - Effectivement, Monsieur vous a menti et ce n'est pas bien, je vous le concède!… Mais je trouve que vous en faites un peu trop! Car vous non plus vous n'avez pas tout dit à Monsieur! Laissez-moi faire les présentations!… Je vous présente Delphine Sterling, marchande de biens et dont le père n'est autre que Jean-Marie Sterling qui n'est pas éditeur mais promoteur! Il ne fabrique pas des livres mais des immeubles!

DELPHINE - C'est faux! Vous racontez n'importe quoi!

75

WILLIAM - Ce n'est pas moi qui le dis! C'est un de vos amis à qui je viens de téléphoner! Monsieur Raymond Cambuse que je connais par l'intermédiaire de son homologue écossais qui a participé à la restauration d'une partie de ce château!... Vous ne dites plus rien maintenant, hein?... Sachez aussi, Monsieur, que si elle vous suit depuis quelques mois, c'est parce qu'elle était très intéressée par ce château pour le vendre aux Américains qui veulent le transformer en parc d'attractions! Elle vous a fait croire que son père est éditeur pour mieux vous accrocher!... Alors pour les leçons de morale, excusez-moi, mais ce n'est pas à vous qu'il faut s'adresser!

GEOFFROY - Oh! Vilaine!

RICHARD - Delphine!... ce n est pas vrai, n'est-ce pas?... Je t'aimais, moi! C'est toi qui as abusé de ma naïveté!

DELPHINE - L'Amour! L'Amour! Vous autres les hommes, vous n'avez que ce mot-là à la bouche!... Qu'est-ce que tu crois?... tu pensais sans doute que j'allais rester avec toi pendant des années avec une chaumière et un cœur, à torcher des gamins et à regarder la télévision tous les soirs comme deux potiches! Mais tu n'as rien compris! Ce n'est pas comme ça que je vois la vie!... Moi, j'aime le risque, l'aventure, l'argent facile et le pouvoir et ce n'est pas un petit romantique comme toi qui va me faire changer d'avis! *(Elle entre dans la chambre de Gladys.)*

RICHARD *(abattu)* **-** Ce doit être ça qu'on appelle la douche écossaise!

WILLIAM - N'ayez pas de regret, Monsieur, ce n'était pas une femme pour vous!... Ce qu'il vous faut, c'est une femme sensible, aimant ce que vous faites et adorant la littérature!

(Entrée de Grâce et de Jane. Grâce est habillée moderne et elle a ôté ses lunettes : elle est superbe.)

Même si elle est un peu moins jolie!

GEOFFROY - Vous n'avez qu'à prendre mon amie! Elle est tout à fait comme vous dites!

GRACE *(apercevant Geoffroy)* **-** Mais qu'est-ce qui lui arrive?

WILLIAM *(parlant de Richard)* **-** Ce n'est rien, il avait perdu la tête, voilà tout!

GRACE - C'est à cause de l'armure!... Oh! Jane, tu avais raison, il est bien amoché!

JANE *(tapant négligemment sur la tête de Geoffroy)* **-** Ne t'inquiète pas pour lui! Ça va revenir dans peu de temps!… Mais il y a ici quelqu'un qui a plus besoin qu'on l'aide!… Vas-y et n'oublie pas les conseils de sister Jane!

GRACE *(allant vers Richard qui s'est assis sur un fauteuil)* **-** Richard, je voudrais vous dire… vous permettez que je vous appelle Richard?

RICHARD - Oui! bien sûr, Grâce!… vous permettez que je vous appelle Grâce?

GRACE - Oui! bien sûr!

(Jane lui fait des signes d'encouragement.)

RICHARD - C'est vrai que vous adorez la littérature?

GRACE - Oui! C'est mon père qui m'a donné ce goût lorsque j'étais enfant! Et aujourd'hui qu'il est mort et qu'il m'a confié sa maison d'éditions, je me sens redevable de tout ce qu'il m'a appris!

RICHARD - Qu'est-ce que vous avez dit?

GRACE - Que je me sentais redevable de mon père!

RICHARD - Non! Avant!

GRACE - Que mon père était mort!

RICHARD - Non! Après!… vous avez dit que vous aviez une maison d'éditions?

GRACE - Depuis la mort de mon père, oui! Ça va faire deux ans!…

(Même jeu de Jane.)

Et justement, j'avais pensé que puisque vous écrivez des romans, je pourrais les éditer un jour!

RICHARD - Vous feriez ça pour moi?

GRACE - Non! Je ferais ça… pour nous!

JANE *(à William)* **-** Eh! Mon gros Nounours! Elle a l'air de suivre les conseils de Jane! *(A Geoffroy.)* Ils sont beaux tous les deux, vous ne trouvez pas?

GEOFFROY - Oh! Ils sont beaux! Ils sont romantiquement beaux!

RICHARD - Vous accepteriez de faire un bout de chemin avec moi ?

GRACE - Oui ! Je le veux !… Et vous, vous accepteriez une femme telle que moi ?

RICHARD - Oui ! Je le veux !

(Et ils sortent, la main dans la main, hall d'accueil.)

WILLIAM - Si ça continue, on va les marier, ces deux-là !

JANE *(sur un ton solennel)* **-** Ils se marièrent et eurent beaucoup de romans !

DELPHINE *(sortant de la chambre de Gladys, deux valises à la main)* **-** Je ne vous demande pas de me raccompagner, je connais le chemin ! *(Elle sort, hall d'accueil.)*

WILLIAM - Comme quoi, il était inutile de mentir ! C'est comme si moi, je vous avais fait croire, Miss Jane, que j'étais le fils de Madame !

GLADYS *(entrant)* **-** Ah ! William !… comment avez-vous su que vous étiez mon fils ?

WILLIAM - Comment ?

GLADYS - Oui ! Il y a très longtemps, lorsque j'étais jeune fille au pair, j'ai eu un enfant avec le maître de maison dont la femme ne pouvait pas avoir d'enfant ! Lorsque cet enfant est arrivé au monde, on m'a fait croire qu'il était mort-né ! J'ai eu énormément de chagrin !… Mais en réalité, cet enfant a été récupéré par cette famille en ayant soudoyé la clinique !… Malheureusement, ils ont été bien punis ! Les parents du bébé sont morts dans un accident de voiture et le petit s'est retrouvé orphelin !… Une des infirmières présente au moment de l'accouchement, un jour a raconté cette histoire à son fils devenu avocat, est mon avocat ! Maître Mac Evans !… J'ai eu des doutes lorsque je vous ai embauché et que j'ai vu votre nom de famille, William ! Mackenzie ! William Mackenzie ! Et vous veniez de la petite ville de Balmoral, comme les Mackenzie que j'avais connus !… Je fais faire des recherches depuis de nombreuses années et aujourd'hui j'ai eu la preuve par Maître Mac Evans que tu es mon petit William !… Oh ! Que je suis heureuse ! Nous allons essayer de rattraper le temps perdu !… Laisse-moi t'embrasser, mon fils ! *(Elle l'embrasse.)* Tu verras, nous ferons de grandes choses tous les deux ! *(Elle se met à chantonner tout en entrant dans la chambre rose.)*

GEOFFROY - Oh ! C'est beau ! C'est familialement beau !

JANE - Tu te rends compte ! Tu es le fils de ta Lady !

WILLIAM - Maman ! C'est Maman !… Gladys Mackintosh est ma mère ! Je n'en reviens pas !

GEOFFROY *(soudain lucide)* **-** Gladys Mackintosh ?… mais qu'est-ce que ça veut dire ?… Elle s'appelle Mackintosh ?

WILLIAM - Oui ! bien sûr !

GEOFFROY - Ça, c'est la meilleure !

WILLIAM - Pourquoi ?

GEOFFROY - Mais parce que la location que j'ai réservée était au nom de Lady Gladys Maccormick et pas Mackintosh !

WILLIAM - Les Maccormick, c'est le château d'à côté !

GEOFFROY - Le château d'à côté !… Ça alors ! Je me suis trompé de château ! Il ne me reste plus qu'à faire mes valises ! Il n'y a pas idée non plus de s'appeler tous Mac - quelque chose !… Ah ! Je vous jure, je m'en souviendrai de mes vacances en Ecosse ! *(Et il sort, chambre bleue.)*

WILLIAM - Eh ! bien, Miss Jane, que d'aventures !

JANE - Dis ! Maintenant que tu es le fils de la propriétaire du château, je vais pouvoir venir tous les jours !

WILLIAM - Eh ! Oui ! Tous les jours !

JANE - Et on pourra faire tic tic tous les jours ?

WILLIAM - Tous les jours !

JANE - Tu seras mon gros Nounours !

WILLIAM - Non ! Je serai ton Tarzan et toi, tu seras ma Jane ! *(Et il la prend dans ses bras en imitant le célèbre cri du héros de la jungle.)*

FIN

AVIS IMPORTANT

Cette pièce de théâtre fait partie du répertoire de la Société des Auteurs et Compositeurs Dramatiques, 11 bis rue Ballu 75442 PARIS Cedex 09. Tél. : 01 40 23 44 44. Elle ne peut donc être jouée sans l'autorisation de cette société.

Nous conseillons d'en faire la demande avant de commencer les répétitions.

Imprimé à la demande par Books On Demand GmbH, Bad Hersfeld, Allemagne

Première édition, dépôt légal : mai 2000
N° d'édition : 995501
ISBN : 2-84422-153-X